님께
이 책을 사랑과 감사의 마음을
담아 드립니다 박묘란

박묘란(朴妙蘭)
Park Myo Ran

아호 : 혜전(惠田)
부산사범학교 졸업
교직 20년(초등)

공모전
신사임당 이율곡 서예대전
대한민국 운곡 서화대전
경기미전
대한민국 문인화대전
안양시 휘호전
입선 특선 우수상 삼체상 최우수상 대상 다수
대한민국 미술대전 문인화부분 입선(국전 36회)
시인 등단(한국문인)

(현)묵향회(한국여성소비자연합) 초대작가
대한민국 운곡 서화대전 초대작가 심사위원
한국예술협회 회원
사단법인 새한국문학회 회원

저서
2018 『산따라 물따라 함께』 부부작품 회고록
2024 『박묘란 육필서화 시문집』

책 표지 : 저자 작품

백련이 피는 아침

박묘란 육필 서화 시문집

도서
출판 조은

● 발간사(發刊辭) ●

서화(書畫)시문집(詩文集)을 펴내며

박 묘 란

 필자는 남편이 하늘나라로 떠난 지난 2017년도 그 이듬 해,《산따라 물따라 함께》라는 부부합작 도록(圖錄)을 펴낸 적이 있다. 남편은 수채화, 필자는 문인화와 서예작품회고록, 그 때 필자는 78살이었다.
 그 후 시작(詩作)에 뜻을 두고 공부를 하던 중, 2020년도 8순에 들어서야〈한국문인〉이란 문예지를 통하여 신인문학상을 수상하고 비로소〈시인〉이란 이름을 얻게 되었다. 참으로 늦깎이 중에 상 늦깎이가 되었으나 문학도로서의 열정만은 뒤지지 않으려 노력 중이다.
 그리하여 종종 필흥(筆興)이 일 때면 습작에 몰두하기도 하고, 묵향에 젖어 문인화를 그려보거나 붓글씨에 빠져들기도 하며 국내 유수한 작가단체에 초대작가 작품전시회 심사위원 활동 등 바쁜 일정에 지내다보니 팔순 줄 중반인에도 심심할 여가가 없다는 게 행운이랄가.

 본 시문집은 시상(詩想)이 떠오를 때마다 틈틈이 낙서해두었던 습작들, 그리고 문예지에 등재된 작품들을 끄내어, 손에 쉬이 잡히는 것들을 쭉정이는 버리고 겨우 골라서 다듬고 그림을 그리고 붓으로 써서 마침내 처음으로《육필서화시문집》을 펴내게 되었으니, 필자에게는 조금은 감개가 무량한 것 같다.
 그러나 어려운 것을 쉽게 써서 독자의 가슴으로 파고들어 울림을 주는 시가 좋은 시임을 모르는 바 아니지만, 막상 시문집을 끝맺은 후 다시 찬찬이 읽어보니, 아직도 입술에 걸리는 것이 곳곳에 도사리고 있어 사뭇 부끄러움을 금할 수 없다. 독자제현들의 많은 양해를 바람과 아울러 절차탁마(切

磋琢磨)의 정신으로 미흡한 부분을 보완할 것을 다짐하고자 한다.

 본 시문집의 제목은, 본지에 있는 《백련(白蓮)이 피는 아침》이란 시제(詩題)를 본지의 《표제(標題)》로 정해보았다.
 흙탕물 속에서도 끝내 더럽히지 않고 고결한 자태로 피어나는 백련(白蓮)의 그 거룩한 기개(氣槪)에 "참아라, 견뎌라, 기다려라!"라는 필자 좌우명(座右銘)의 함의(含意)가 담겨 있는 것같아 시문집의 표제로 정한 것이다.

 지금 우리네 시국(時局)은 혼탁하지만, 밖으로 나가 자연 속으로 들어가면, 파란하늘, 흰구름, 바람소리, 물소리, 새소리, 풀벌레소리 그리고 온갖 풀꽃들의 웃음소리가 간드러진다. 참으로 아름다운 우리의 산하(山河)가 아닌가!
 언제부터인가 필자는 우리 사는 자연이 좋아 곧잘 몇몇 순한 친구들과 더불어 명승고적을 탐방하거나, 유유히 흐르는 강변을 홀로 거닐곤 한다.
 한살 두살 나잇살이 늘어갈수록 설니홍조(雪泥鴻爪)같은 우리네 인생살이의 공허함이 자꾸만 매마른 가슴을 할퀴기 때문이다.
 그리하여 찬란하게 반짝이는 석양 비낀 물비늘을 하염없이 바라보며 온갖 상념(想念)에 젖어 있으면, 사춘기 소녀같이 들뜬 가슴이 되곤 한다.
 이럴 때 황혼녘 늙마들은 비록 시인묵객이 아닐찌라도 누구나 무엔가를 후두두 써보고도 싶은 충동이 이는 법이다. 필자도 그런 황혼녘 늙은이 중에 한 사람이다.

 무릇 시인묵객(詩人墨客)들이란 창작으로 독자들의 가슴을 파고들어 잔잔한 울림을 주어 삶의 향기를 더해주는 예술가(藝術家)들이다.
 예술의 풍토에는 남녀노소 피아(彼我)의 구별이 없다. 누구든지 뜻을 세워 정진하면 예술작가가 될 수 있는 것이다.
 차제에 팔순의 필자가 크게 강조하고 싶은 것이 하나 있다.
 이 나이에 무얼해? 지금 이런 걸 배워 엇따 써먹게? 하는 자조(自嘲)섞인

소리보다, 9순에 첫 시집을 발간하여 온통 세상을 놀라게 한 일본의 여류 시인 《시바타 도요》 할머니의 꺾임없는 그 기개를 상찬하고 또한 이어받고 싶다는 것이 솔직한 심정이다. 그리고 본 졸저(拙著)를 읽은 단 한 분의 독자라도 무언가 가슴에 스며들어 잔잔한 울림을 맛보는 독자가 있다면, 필자는 한층 더 기운을 내어 건강이 허락하는 그 날까지 붓을 놓지 않을 것을 다짐도 해본다.

끝으로, 이 시간까지 필자의 건강을 지탱하게 해주신 하느님께 제일 먼저 감사를 드리고, 그 동안 한글서예를 지도해주신 고(故) 추종만 선생님(초등 4, 5, 6년 담임선생님), 그리고 갈물한글회의 달무리 차부자 선생님, 과천 문화원에서 한문서예를 지도해주신 고(故) 호당 구영서 선생님, 그리고 〈경암토요문학관〉에서 시문학을 지도해주신 〈새한국문학회〉 경암 이철호 이사장님, 예술의 전당 문화교실에서 문인화를 지도해주신 고(故) 운경 장복실 선생님, 그리고 경기문화원에서 한문서예와 문인화를 지도해주신 우석 주시돌 선생님께 무한한 감사를 드리고, 아울러 본 시문집을 출판해주신 도서출판 〈조은〉의 김화인 사장님께도 깊은 감사를 드리며 그 간 뼛속 깊이 사랑하는 필자의 4남매 가족들의 뜨거운 응원에도 무한한 사랑을 전하고 싶다.

2024. 8. 15.

과천 관악산 자락에서
박묘란(朴妙蘭) 적음

● 축간사(祝刊辭) ●

팔순 노시인(老詩人)의 육필(肉筆) 서화(書畵)시문집
《백련이 피는 아침》 발간을 축하하며

연정(淵亭) 김경식(문우)
(교육사학자, 교육학 박사, 연정교육문화연구소장, 저술가, 수필가)

필자는 지금 5대째 내려오는 지방문화재인 고택(古宅)에서, 늙은 형처(荊妻)와 살면서 농사를 짓고 책을 읽고 저술을 하고 있다. 반평생을 대학강단에서 후학을 가르쳤고 정년 후에는 주로 저술에 몰두하고 있다.

어느 해 여름, 전북특별자치도의 민속문화재인 보정(普亭) 김정회(金正會) 선생의 고택(古宅)을 답사하는 답사객의 일원이 되어 방문한 저자(著者)를 처음 만났다. 보정(普亭) 김정회(金正會) 선생은 시서화 삼절(詩書畵三絕)로 특히 풍죽화(風竹畵)의 대가(大家)로 평가받는 유학자이며 필자에게는 조부(祖父)가 된다.

답사객들은 필자의 안내로 구석구석 고택을 둘러본 후 선운사와 도솔암을 탐방하고 돌아갔다. 당시 답사객이었던 저자는 초면이었지만 투박한 경상도 억양에 담론하는 모습이 폭이 넓고 깊이 있고 도량 넓은 예술인의 모습이라 첫눈에 그 인품이 가슴에 와 닿았다.

그후 동시대 교육자로 공감하는 바 컸기에 서로 저술한 책(자녀책 포함)을 교류하며 여지껏 문우(文友)의 정을 나누고 있다.

2018년 저자가 발간한 '산따라 물따라 함께'라는 부부작품 도록(圖錄)과 2021년 문예지 '한국문인'에 등재된 '나의 할머니'라는 저자의 글을 읽고 저자의 가정사와 살아온 삶을 잘 알게 되었다.

저자는 경남 창원시 진해구 웅동출신으로, 조선 후기 수군(水軍) 선략장군(宣略將軍) 박래규(朴來奎) 장군의 후예로, 교육자인 아버지의 7남매 중 막내딸(이복형제 포함 11남매 중 7번째)로 태어나 5살 때 어머니를 여의고 할머니의 교육을 받고 자라 부산사범을 졸업하고 근 20년 간 초등교사로 봉직했으며, 교사 초년시절에 고시준비생인 남편을 만나 안동권씨 종가댁의 외며느리 종부(宗婦)가 되어 시조모와 시부모를 모시고 남편을 잘 보필해 고관직으로 오르게 하였으며, 슬하에는 2남 2녀를 두어 공직자와 교육계 학자들로 훌륭하게 성장시켰다.

인성마저 후덕해 합죽선 부채와 목도리 등을 손수 만들어 주변 사람들에게 선물하여 사람의 정(情)을 한결 더 돈독히 하였다.

뿐만 아니라 육순이 되어서는 묵향(墨香)에 심취하여 문인화와 서예에 정진하여 각종 서화전(書畵展)에 입상하였으며 지금은 유수한 단체에 초대작가와 심사위원으로 왕성한 활동을 하고 있다.

8순 줄에 들어서는 시(詩) 공부에 열중하여 시인으로도 등단하여, 시서화 삼절(詩書畵 三絕)의 길로 도야(陶冶)하고 있으니, 가히 현대판 신사임당상(申師壬堂像)으로 중후(重厚)한 부덕(婦德)을 지닌 현모양처(賢母良妻)의 귀감(龜鑑)이라 하겠다. 아무튼 저자를 처음 만났을 때 그의 인품에 대한 필자의 첫 느낌이 정확히 적중이 된 셈이다.

이번에 출판한 저자의 육필(肉筆) 서화시문집에서는 꽃과 생활을 소재로 한 시 80수와 산문 7편이 실렸는데, 작품마다 저자의 후덕한 인품의 향이 배어 잔잔한 울림을 안겨준다.

필자는, 시와 글은 머리로 쓰는 것이 아니라 작가의 인품과 사람의 냄새가 용해된 뜨거운 가슴으로 쓰는 것이라 생각하곤 한다.
또한 문학은 춥고 시릴 때 볕을 쪼일 수 있는 양지가 되어주고 폭염에 쉴 수 있는 시원한 나뭇잎 그늘이 되어주기도 하고 또한 아프고 힘들 때 한 줄기의 조그만 바램이 되어주는 빛이 될 수도 있다는 생각을 늘 가지고 있다.

 요즘같이 물질이 모든 가치의 기준이 되어 물질적 외면적 세계에만 너무나 집착하다 보니, 정신적 내면적 세계는 그 체질이 점점 더 허약하게 돼버렸으니. 이런 현실적 정신적 황폐화를 치유하고 인간성 회복을 위한 손쉬운 방법 중의 하나가 바로 문학이 아닌가 하는 생각도 가지고 있다.

 바야흐로 필자의 집 앞 백련지(白蓮池)에서는 백련(白蓮)들이 앞다투어 청아한 모습을 터트리고 있다.
 흙탕물에 물들지 않고 고결하게 피어나는 백련을 바라보며 우리 모두, 온갖 혼탁한 세파(世波)에 휩쓸리지 말고 내면적 순수한 마음으로, 얼마 남지 않은 오늘을 뚜벅뚜벅 즐거운 마음으로 걸어갈 수는 없을까!

 다시 한 번 저자의 육필 서화(書畵)시문집 발간에 대한 축의와 격려를 함께 보내며 팔순 저자의 노익장(老益壯)과 건필(健筆)을 기원한다.

서기 2024년 7월 일

보도산 아래 연정(淵亭) 글방에서

축간화(祝刊畵)

우석(友石) 주시돌(朱時乭)(은사)서예가, 문인화가

화제(畫題) 번역

난초(蘭草)와 솔(松)

이 백
(8C중국당시인, 호 태백)

爲草當作蘭(위초당작난)
爲木當作松(위목당작송)
蘭幽香風遠(난유향풍원)
松寒不改容(송한불개용)

풀이 되려거든
난초가 되고
나무가 되려거든
솔이 되려무나
난초는 그윽하여
향풍이 멀리 가고
솔은 추워도 그 모습을
아니 바꾸나니…

● 축간화(祝刊畵) ●

조현서 (외손녀)
미디어 아트작가
호서예전 (구)한국예술종합전문학교
겸임교수

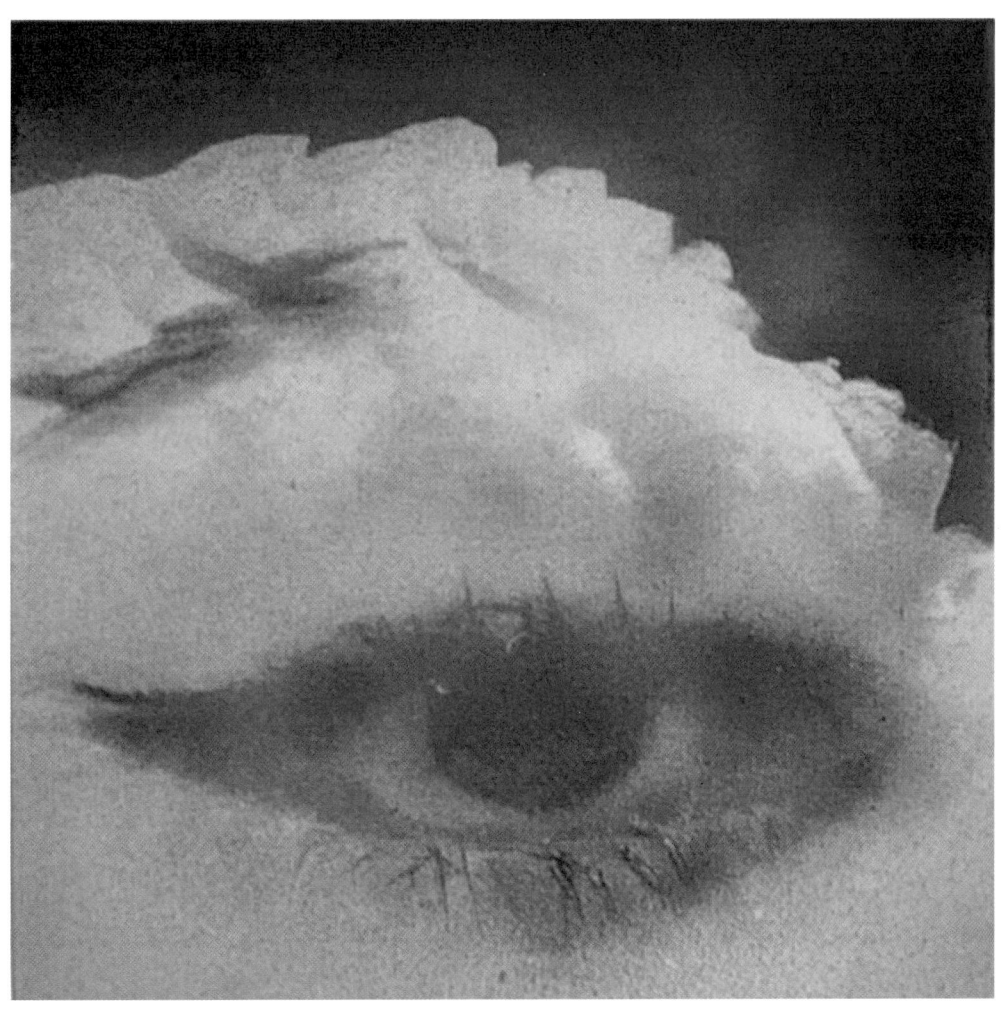

차 례

제1편
사군자

매화 • 24
보춘화 • 28
국화를 보며 • 32
대나무(竹) • 36

제2편
자목련 꽃그늘 아래

민들레 Ⅰ • 42

민들레 Ⅱ • 44

개나리 • 46

자목련 꽃그늘 아래 • 48

홍매화 그늘에서 • 50

진달래 연가 • 52

멍든 봄기운 • 54

수선화 옆에서 • 56

붓꽃 • 58

수국 • 60

꽃잔디 • 62

풍란 • 64

풀꽃 • 66

백목련 • 70

도라지꽃 • 72

모란 • 74

매화 일생 • 76

제3편
백련이 피는 아침

물방초 • 80

유채꽃 • 82

아카시아꽃 • 84

등꽃 그늘에서 • 86

채송화 꽃마음 • 88

백련이 피는 아침 • 90

찔레꽃 • 94

나팔꽃 편지 • 96

능소화 • 98

무궁화 • 102

코스모스 • 106

그 꽃 • 108

들국화 • 110

코스모스 길 따라 • 114

동백꽃 • 116

세미원 연꽃 옆에서 • 118

매화마을에서 • 120

제4편
봄이 오는 소리

눈록(嫩綠) • 124

봄이 오는 소리 • 126

조롱박 추억 • 128

봄내음 • 132

꽃멀미 • 134

꽃바람 동무 • 136

꽃구름 • 138

꽃비를 맞으며 • 140

소나무Ⅰ • 142

소나무Ⅱ • 144

소나무Ⅲ • 146

석류 • 148

속초 바닷가에서 • 150

가을호숫가에서 • 152
(과천대공원 호수)

제5편
꽃비에 젖어

성묘 • 154

추석 • 156

꽃비에 젖어 • 158

축복 • 160

단풍 • 162

낙엽 • 164

낙엽속으로 • 166

2020년 4월이여 안녕! • 168

벌써 • 170

첫다짐 • 172

감사 • 174

서기 2024년 멍든 대한민국 • 176

한 해 노래 • 178

통영 앞바다 둘레길을 걸으며 • 180

제6편
팔 순 해

비움 • 182
독락 • 184
팔순해 • 186
그리움 • 188
나 하나 판타지 • 190
어느 황혼의 뒷골목 • 192
황혼 이사 • 194
울 할무이 말뽄새 • 196

별난 합주곡 • 198
아직 • 202
바느질 • 204
노을 • 206
조락(凋落) • 208
친구 같이 걷는 날 • 210

제7편
삼 행 시

소나기 • 214

여객선 • 216

수선화 • 218

제8편

단시(短詩)

부모 • 220
부부 • 220
노스승 • 220
노안 • 220
카톡 • 220
그러니까 • 220

부엌에서 베란다로 • 222
띠리링 헨드폰 울림 • 222
카드분실 신고 후 • 222
친구모임 후 • 222
조의금 대납 부탁한 • 222
노부부 한집에서 • 222

제9편
수 필

탐매일기 • 225

나라꽃 무궁화 • 234

우리 동요의 발자취를 더듬으며 • 239

지리산 천왕봉(天王峰) 등반기(登攀記) • 247

나의 꽃 이야기 • 253

살맛나는 세상 • 258

나의 할머니 • 261

제1편
사군자

매 화

화선지 묵향 속에
매화 등걸
꿈틀꿈틀

햇가지 잠투정에
팔순 화필 땀흘리나

홍매화 가지마다
봄신명이 푸지다

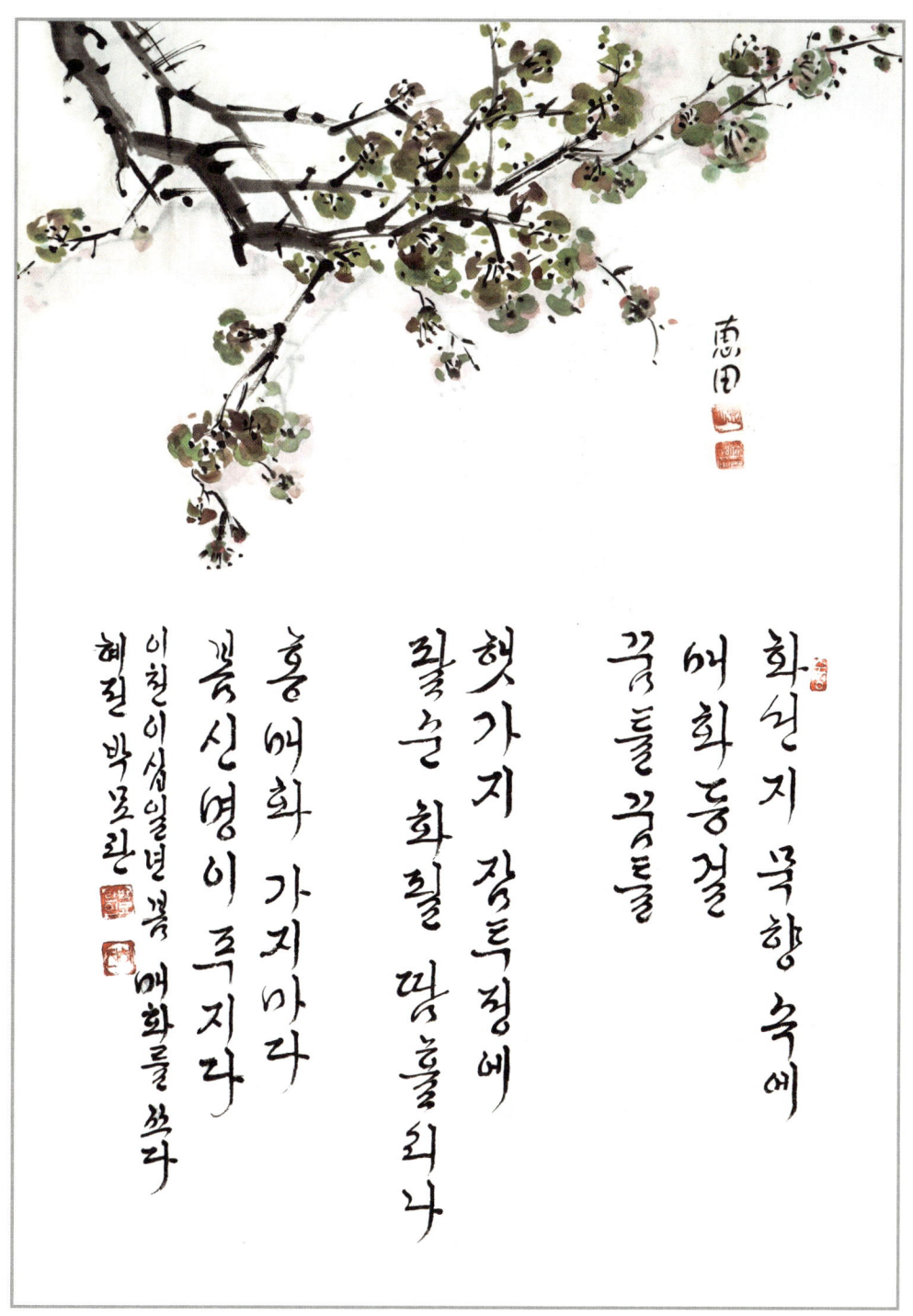

화선지 묵향 속에
매화 둥걸
끝을 긁듯

햇가지 잘득정에
잘 숙 화필 땀을 외나

흥매화 가지마다
꽃신명이 극지라

이천이섬일년 꽃 매화를 쓰다
혜전 박로완

〈화제(畵題)해석〉
梅一生寒不賣香
(매일생한불매향)
〈매화는 일평생 추위에 떨어도,
　향기를 팔지 않는다.〉

문자도(文字圖)

〈화제(畵題)해석〉

梅梢春色(매초춘색)

매화가지의 봄빛

보춘화(報春花)

조붓한 길섶 바위틈
수줍은 듯 뻗은 잎새

꽃바람
햇살 삭여 앓아 피운
만리청향(萬里淸香)

어디라
고운님 뵈와
가슴 풀어 바치리.

봉숭화

조붓한 길섶 바위틈
수줍은 듯 뻗은 잎새
꽃바람 햇살 삭여
앓아 피운 만리 청향
어리롸 고운 님 뺨과
가슴 들어 바치리

이천이십일년 봄
혜진 박도란

〈화제(畵題)해석〉
봄비 봄바람에 어여뿐 얼굴을 씻고 신선이 사는 섬(경도(瓊島))을 사양하고 인간세상에 왔더니, 끝내 나를 알아주지 않아, 검은 화분(오분(烏盆))을 깨고 다시 산으로 들어가도다. 18C 중국 청(淸) 난의 대가 정섭(鄭燮)의 시 "난화분을 깨뜨리고" 제파분난화도 (題破盆蘭花圖)

문자도(文字圖)

〈화제(畵題)해석〉

蘭生有芬(난생유분)

(난이 돋아나니 청향이 있도다)

국화를 보며

소슬바람 낙엽따라
설렁한 울바자
밑둥치에 꿈을 실어

시방(十方)세계 돌아온
수행자처럼

소리없는 미소로
한잎 두잎 당금질한
너
알알이 저민 가슴
색색으로 풀어 낸
늦가을의 함박진
웃음이여.

스슬 바람 낙엽따라
실성한 듯 바자
밀 둥치에 검을 실어

시방세계 돌 아온
수행자처럼
소리없는 미소로
한 잎 두 잎 등 금질한
다!

알 알이 저며낸 가슴
색색으로 졸여 어낸
늦가을의 함박진
웃음이여!

국화를 그려 물쓰다 혜전 박포관

문자도(文字圖)

〈화제(畫題)해석〉

秋菊佳色(추국가색)

(가을국화의 아름다운 빛깔)

대나무(竹)

탯줄로 이어내린
휘어 곧은 몸부림아

불거진 마디마디
품은 세월 흔적인가

빈 가슴 무상의 세월
울어 뱉은 푸르럼.

대나무 (竹)

댓솔로 이어 내린
휘어 곧은 몸부림아
볽거진 마디마디
품은 세월 흔적인가
빈 가슴 무상의 세월
울어 뱉은 푸르름

이천이십이년 겨울
혜전 박묘란

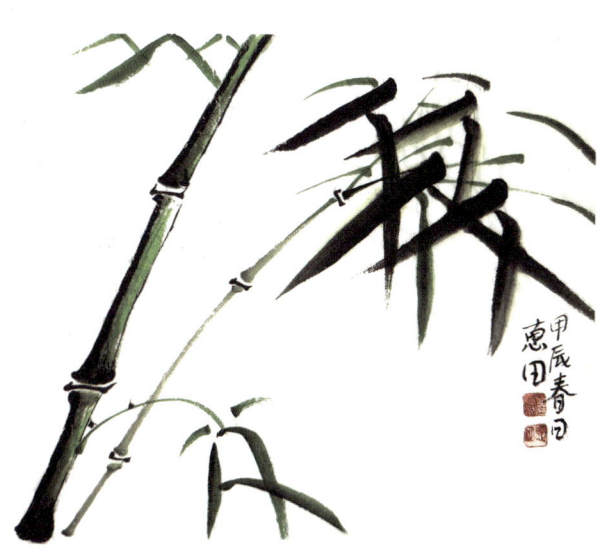

문자도(文字圖)

〈화제(畵題)해석〉
新竹含露(신죽함로)
(새 대나무가 이슬을 머금다)

제2편 자목련 꽃그늘 아래

민들레 I

길섶으로 쫓겨난
들꽃 하나
웃고 있다

뭇 발길 부대끼며
샛노랗게 통곡하다

풀풀이 육신(肉身)을 헐어
다시 오마 흩날려.

민들레 (1)

길섶으로 쫓겨 난
들꽃 하나 웃고 있다

뭇 발길 피대끼며
샛노랗게 통곡하다

홀홀이 욱신을 헐어
다시오마 흩날려

이천이십삼년 봄
혜린 박모란

민들레 Ⅱ

자드락 길섶에 핀
샛노란 들꽃송이

푸르른 봄신명에
봉긋 솟은 가슴 풀어

나그네 허기진 덧정(情)
새벽별로 맞는다.

민들레 (Ⅱ)

자드락 길섶에 핀
샛노란 들꽃송이
푸르른 봄신명에
꽃웃음 가슴 풀어

나그네 허기진 덧길
새벽 별로 맞는다

이천이십이년 봄날
혜진 박포란

개나리

어디서 날아 왔나
바람타고 구름타고

시샘바람 다독이고
제성데로 깔깔 웃는

샛노란 별꽃들 그늘
햇살들이 뛰논다.

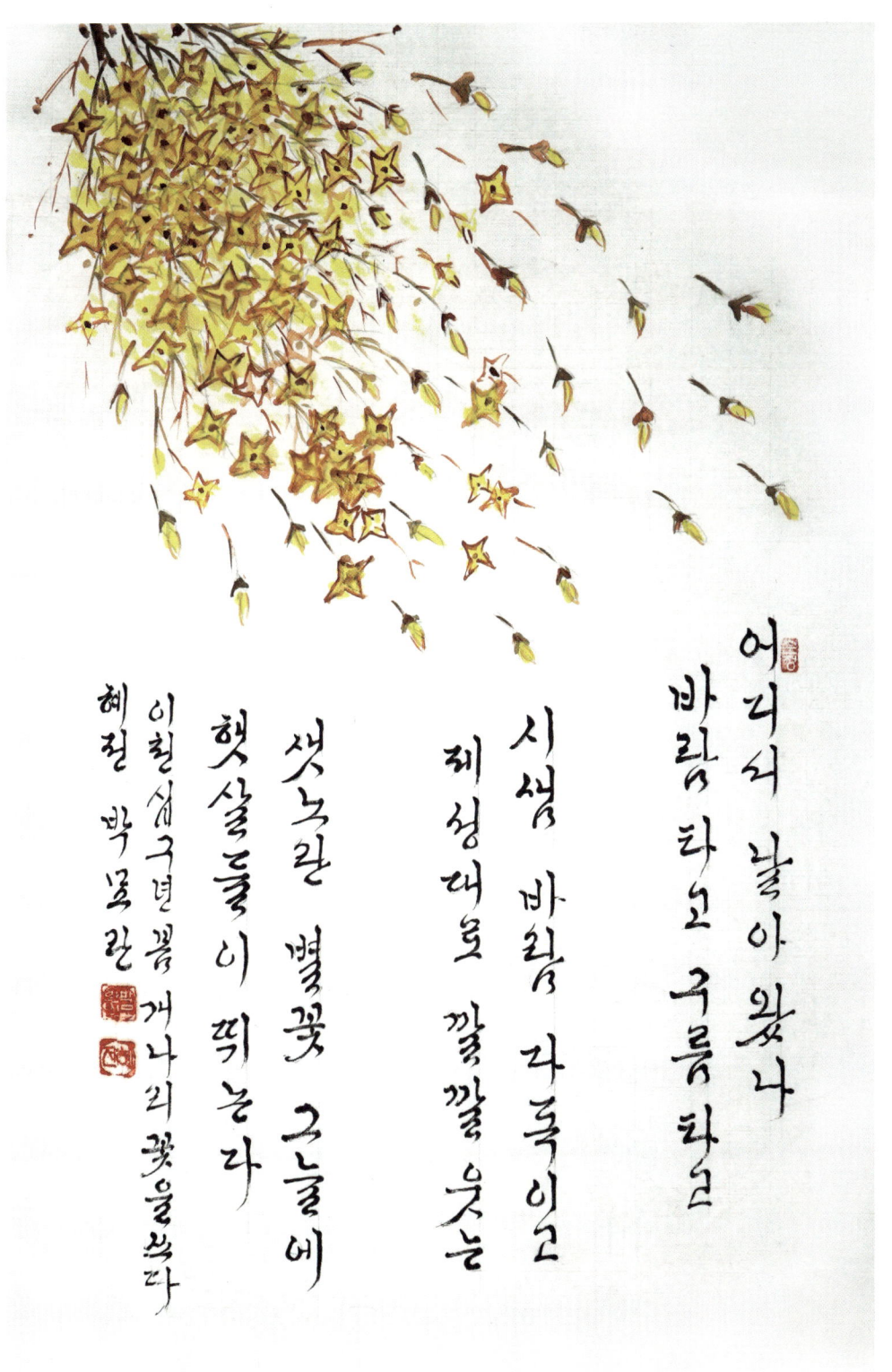

어디서 날아 왔나
바람 타고 구름 타고
시샘 바람 가득 입고
제 성대로 깔깔 웃는
샛노란 별꽃 그늘에
햇살들이 뛰논다
이 환 산 국 련 꿈 꺼나의 꽃을 쏘라
혜천 박목란

자목련 꽃그늘 아래

스치듯 다가오는
님의 손길 아리는가

보랏빛 고운 자태
굽이굽이 감춘 사랑

자목련 꽃그늘 아래
꿈결 속에 펼치오.

스치듯 다가오는
님의 손길 아리는가

보랏빛 고운 자태
굽이굽이 감출 사랑

자목련 꽃그늘 아래
굽결 속에 펼치오

자목련 꽃그늘 아래를 쓰다
혜전 박보란

홍매화 그늘에서

홍매화 꽃가지가
가늘게 떨고 있다

괴질(코로나19)에
시름겨운
꽃이파리 한숨소리

송이송이 못내 핀 가지
꽃그늘이 시리다.

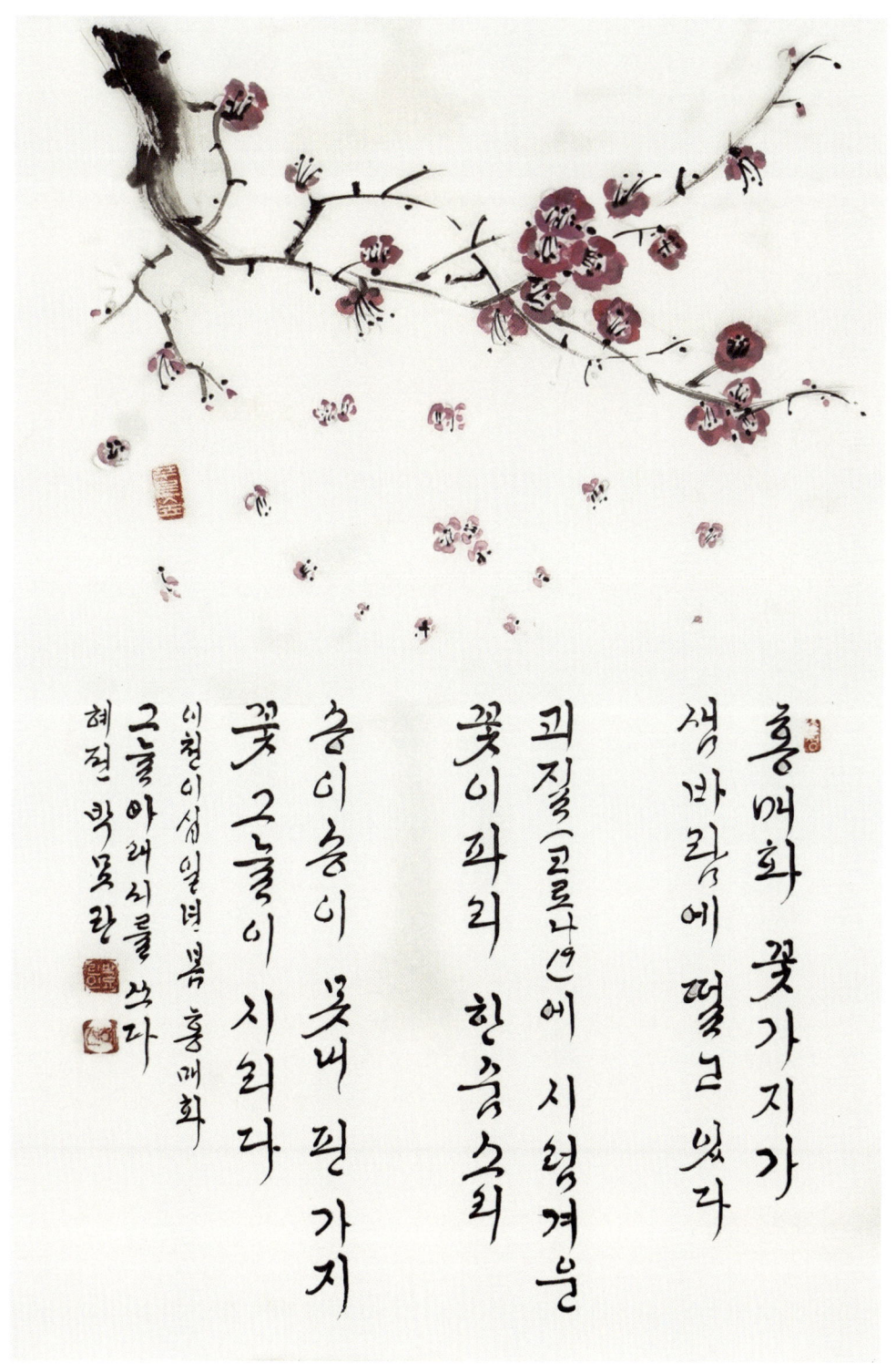

홍매화 꽃가지가
샛바람에 떨고 있다
괴질(코로나19)에 시름겨운
꽃이파리 한숨소리
꽃이 송이송이 못내 핀 가지
꽃 그늘이 시리다
그늘 아래 시를 쓰다
이천이십일년 봄 홍매화
혜전 박꽃란

진달래 연가

그해 초겨울
삼배버선 신고
홀연히 떠난 님아

새벽 산책길
진달래 꽃망울 가지
몰래 품어 와
식탁 위에 살재기
놓아주었지

봄이면 그리워라
봄이 오니 그리워라

손잡고 오르던
뒷산 언덕배기

오늘도
진달래 웃음소리
한창이라오.

진달래연가

그해 초겨울 삼백 버섯 십을
훌연히 떠난 님아
새벽 산책 길
진달래 꽃향을 가지
물래 틈어 와
식탁 위에 살쩌기
놓아 주었지
꽃이면 그리워라
꽃이 오니 그리워라.
손잡고 오르던
뒷산 언덕배기
오늘도
진달래 웅웅 소리
한창이라오

이현심달연꽃 혜진박보란

멍든 봄기운

진달래 시든 그늘
멧새 하나 졸고 있다

풀죽어 피는 꽃잎
다 못 타 아파하고

괴질에
멍든 봄신명
발목 삐어 아리다.

코로나19 창궐, 관악산 자락에서

진달래 시든 그늘
엇새 하나 졸고 있다
졸먹어 피는 꽃잎
다 못 핀 아픠 하고
괴질에 (코로나19)
멍든 봄기운
발목 삐어 오리라

이천이십일년 봄
멍든 봄기운 울쓰다 혜린 박고림

수선화(水仙花) 옆에서

어디 아프지 않는 꽃이
있더냐
네 핏줄로 흐르는
원초(原初)의 가슴앓이가
마침내
꽃대궁을 타고 올라
착한 눈길에
노랗게 젖은 한떨기 미소를
묻혀주고

하루를 깨어
싱그롭구나

수선화

옆에서

어디 아프지 않는 꽃이 있더냐
네 핏줄로 흐르는
원초의 가슴 앓이가
마침내 꽃대궁을
타고 올라
착한 눈길에
노랗게 젖은 한 떨기
미소를 묻혀주고
하루를 깨워 싱그롭구나

이천이십년 초봄 혜진 박목란

붓꽃

오뉴월 산들바람에
줄지어 낭창낭창

풀먹은 붓털처럼
하늘 향해 솟은

너의 소망이
청보랏빛 한떨기
웃음 속에
녹아 있구나

너가 지닌
'소식 사랑'

그윽한 체향으로
사군자(四君子)를
그릴까

시(詩) 한 수를 쓸까
묵향이 코끝을
감도는데

어디선가 들려오는
주님의 목소리

'그 중에 제일이
사랑이라'

두손 모아 기도하는
천사의 꽃이여!

오뉴월 산들 바람에
즐기어 낭창낭창
들엉은 끗털이처럼
하늘 향해 웃은
너의 스망이
청빛 왓빛
한떨기
웃음 속에
녹아 있구나

이철이정년 봄 꽃꽃 일걸을 쓰다
혜진 박포란

수국(水菊)

둥글둥글 수국 세상
원정(圓情)이 만정(萬情)이런가

너 하나 나 하나
손에 손잡고
하나되는 세상

연자주로 하늘색에
연홍빛깔로 하무뭇하고나

무람도 없이
웃음꽃 이웃이 되어

변해가는 네 모습
길손들 떠름한
눈길을 한결이나
가벼히 하고

물무늬처럼 번져가는
동그란 미소로
넓은 세상 벌려가는
너! 수국!

폭염에 신음하는 하늘도
풀어진 동공으로
오가는 얼굴들도

네 그림자에
흠뻑 빠져
쉬고 싶구나.

오가는 얼굴들도
무관도 없이
웃는 꽃 이웃이 되어
꽃무늬 휘장처럼 펼쳐가는
둥그런 미소로
넓은 세상 벌려가는
너! 수국!
네 그림자에
흠뻑 빠져
쉬고 싶구나

이천십구년 가을 수국 일부를 쓰다
혜진 박모란

꽃잔디

너른들 묏부리 곳곳
올긋볼긋 둥지 틀어
봄신명 채근하는
이름마저 고와 웃는
꽃잔디!

언제나 너들은 속삭였지

우린 함께 가야 해
우린 서로 사랑해야 해
우린 서로 감사해야 해

엎드려 낮게낮게 살아
오달진 꽃송이들.

꽃잔디

너른 들을 빛 꾸미의 곳곳
울긋 불긋 둥지 틀어
분신 명 해 근하는
이름 마지 고의 웃는
꽃잔디!
언제나 너들은 속삭였지
우리 함께 가야 해
우리 서로 사랑해야 해
우리 서로 감사해야 해
엎드려 낮게 낮게 살아
오 달진 꽃송이들

이천이십일년 봄 혜진 박목란

풍란(風蘭)

가파른 벼랑
아찔하게 뻗은 손
흙 묻은 하늘 바라
허방쳐도 더위잡아

한땀 한땀
엮어나간 서럽운 세월

열두굽이 속앓이로
하얀눈물 방울져

마침내 한송이 꽃으로
수수로이 토했구나

벌나비 무람한 발길이야
무슨 대수랴.

천만리 고운님
발길따라
날으는 살내음

바람 좋은 손길조차
허허로이 돌아서도
피안의 그리움에
촉촉한 몸짓이야

억겁으로 잇달은
묵향(墨香) 속에
묻어 두고 싶구나.

풍란

가쁙른 벼랑
아찔하게 뻗은 손길
열두굽이 속앓이로
하얀 눈물 방울져
마침내 한송이
꽃으로 수수로히
도했구나

이현 나성삼년 여름 풍란얼 무를 쓰다
혜진 박모란

풀꽃

고른 햇살 품에 안겨
부끄러이 머리 내민
이름 없는 풀꽃 하나
길섶에서 몸을 푼다
앙증맞고 풋풋하고
청초하고 싱그롭다

해가 지면 소곤소곤
달님 별님 동무하고
옷깃 여며 단장하며
바람불어 가슴 죄는

밟히고도 짓눌려도
앓는 소리 뱉지 않고
꽃대궁이 꺾이어도
누구 하나 미워 않는

이름조차 없는 너를
뽐냄마저 없는 너를
그런 너가 어쩜 좋아
너의 이름 헤아리며

오늘도 널 부른다
풀꽃이라 불러본다.

밟히고도 짓눌려도
않는 소리 뱉지 않고
꽃대궁이 꺾이어도
누구 하나 미워 않는

풀
꽃

그런 너가 어쩜 좋아
너의 이름 헤아리며
오늘도 널 부른다
들꽃이라 불러본다

이천 이십년 봄 들꽃을 부르며
노라 혜천 박모린

백목련

꽃샘바람 살라먹고
사월뜨락 장식하는

우아한 여인

터질 듯 소녀가슴
망울망울 꽃송이들

하이얀 세상

한점 오염없기를
바라며
밤사이 총총 떠나는

수줍은 여인

내마음의 뜨락에도
한그루의 백목련을
심고 싶구나.

꽃섬마랑
살라먹고
사월뜨락 장식하는
우아한 여인
내 마음의
뜨락에도
한 그릇의
백 목련을
심고 싶구나
이천이십사년 봄 백목련
일곱그루를 썼다 혜린 박꽃란

도라지꽃

수풀을 저며대는
벌레소리 장단 맞춰

풀 먹인 연보랏빛
모시적삼 받쳐 입은

새악시 살폿한 웃음
눈썰미에 서리네.

도라지꽃

수풀을 지며 더는
벌레소리 장단 맞춰

들먹인 연꽃같 빛
모시적삼 받쳐 입은

새악시 살폿한 웃음
눈썰미에 서리네

이천이십년 여름
혜린 박포랑

모란(牡丹)

오월 장미에 비하랴

부귀화(富貴花)
화중왕(花中王)이라

이름조차 얼콰하고
가멸하고나

너 지닌 꽃말답게
푼푼한 모습으로

낭창낭창 꼬리치는
오월 훈풍 꾀어내어

온누리 끌어안는
둥근 빛 피워주렴.

甲辰春 惠田

오월 장미에 비하랴
꾀꼬리와 화중왕이와
아름조차 얼굴과 향도
가열하구나

어지신 꽃 말답게
풍운한 모습으로
낭창낭창 꾀치는
오월 흐름 꾀어버어

은느리 글어 안는
등근 빛 되와 주령

모란꽃을 쓰다
혜전 박 포란

매화 일생

꽁꽁 언 대지에
소록소록 생명의 숨결

새봄을 깨우고자
부랴부랴 찾아온
반가운 첫손님

새하얀 눈꽃송이
바람결에 날아간 자리
연초록 잎새도
달지 않은채
거칠은 등걸에
뻗은 가지

햇가지 숨결에
갓 태어난 꽃망울들
웃음소리 덜퍽지고
나물 캐는 아지매들
냉이 달래 가득 담고
매화향에 취하네

한소끔 샛바람 지니자
오달진 초록열매
등살에
부리나케 날아가는
해맑은 꽃잎이여.

매화 일생

꽁꽁 언 대지에
소록소록 생명의 숨결
새 봄을 깨우고자
꼭꼭하고 찾아온
반가운 첫 손님

햇가지 숨결에
갓 태어난 꽃 망울들
웃음소리 들려지고
오글진 초록 열매 눈살에
꾀꼬리 날아가는
해맑은 꽃잎이여

이천 십팔년 봄 매화일생 일 폭을 쓰다
혜진 박 조 란

〈화제(畵題)해석〉
凌霜傲雪歲寒操
(능상오설세한조)
서리를 능멸하고,
흰 눈에 오만한
세한의 지조로다.

제3편 백련이 피는 아침

물망초

영원한 사랑도
이울진 꽃잎따라
가버리는가

그러나 어쩌죠
세월의 덫에 걸려
속절없이 가뭇한 기억들

정영
죄가 될까요
당신을 잊는다는 게

물망초

영원한 사랑도
잊을긴 꽃잎 따라
가버리는가

그러나 어쩌료
세월의 덫에 걸려
속절없이 가뭇한 기억들

정영
죄가 될까요
당신을 잊는다는 게

이천삼팔년 겨울 혜전 박옥란

유채꽃

유채꽃 피는 제주
까치노을 비껴 타고

끝없는 노란 물결
갯바람도 시새우나

철따라 이는 꽃물결
부푼가슴 애틋해

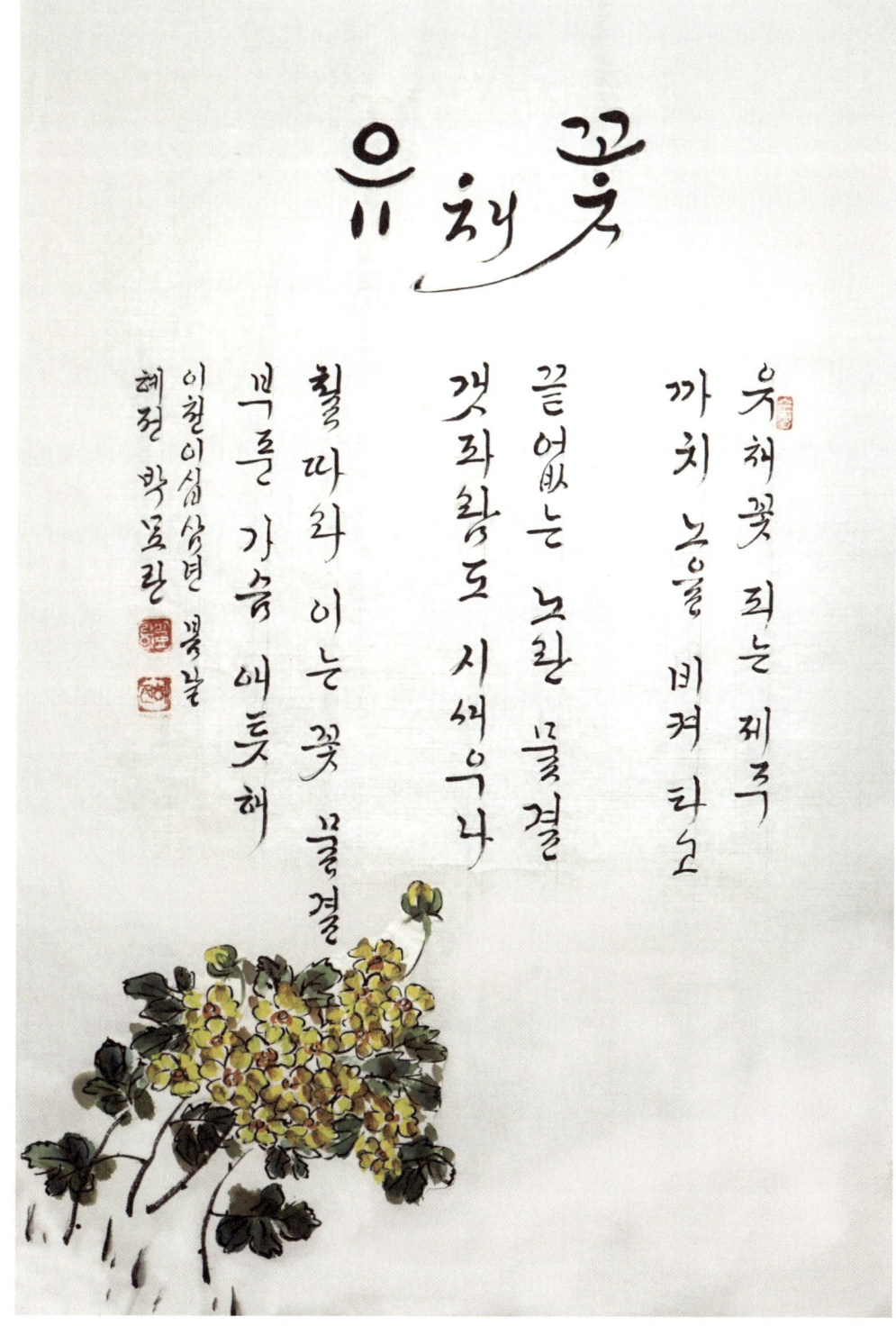

유채꽃

유채꽃 피는 제주
까치 노을 비껴 타고
끝없는 노란 물결
갯쟈왕도 시새우나
힐 따라 이는 꽃 물결
푸른 가슴 애듯해

이천이섭삼년 꽃날
혜전 박포란

아카시아 꽃

오월 수풀 헤집는
가시 돋친 몸매
훈풍따라 수런수런
꽃송이를 토했구나

묏부리 키를 재는
애송구름 한 무리가
농익은 향에 취해
비틀거리고

제철 맞은 꿀벌들
부르대는 수작이
갈수록 애바르다.

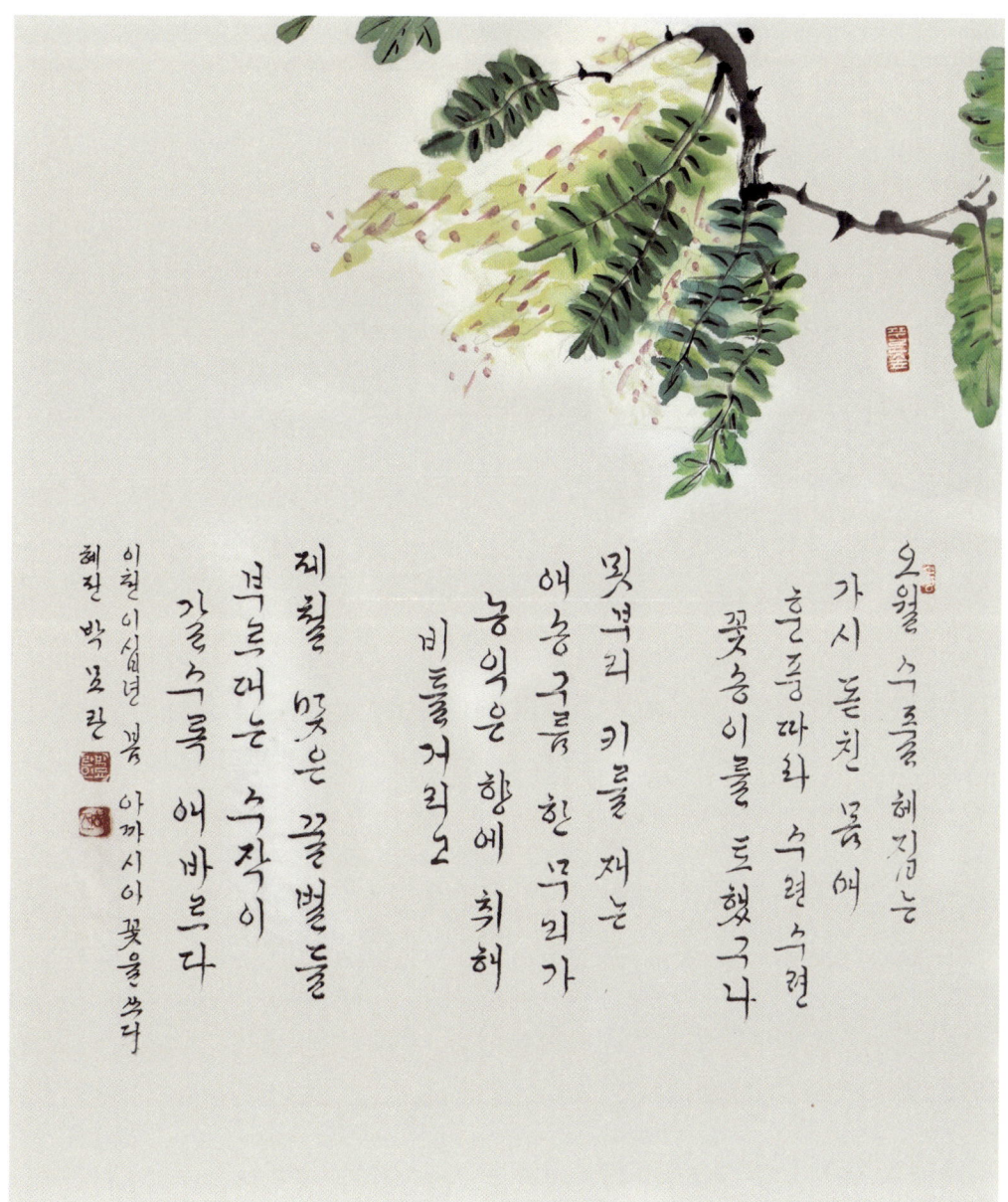

오월 스무를 해질녘
가시 돋친 몸에
한풍 따라 수련수련
꽃송이를 드렸구나

못 머리 기울 제는
애송구름 한 무리가
농익은 향에 취해
비틀거리고

제철 맞은 꿀벌들
북녘 더 수작이
갈수록 애바르다

이천이십년 봄 아까시아 꽃을 쓰다
혜진 박모란

등꽃 그늘에서

얼키고 설킨 세월
감아올린 덩굴가지

보랏빛 주절주절
시련 속의 기쁨인가

기어코 몸에 밴 겸손
매초롬한 모습아.

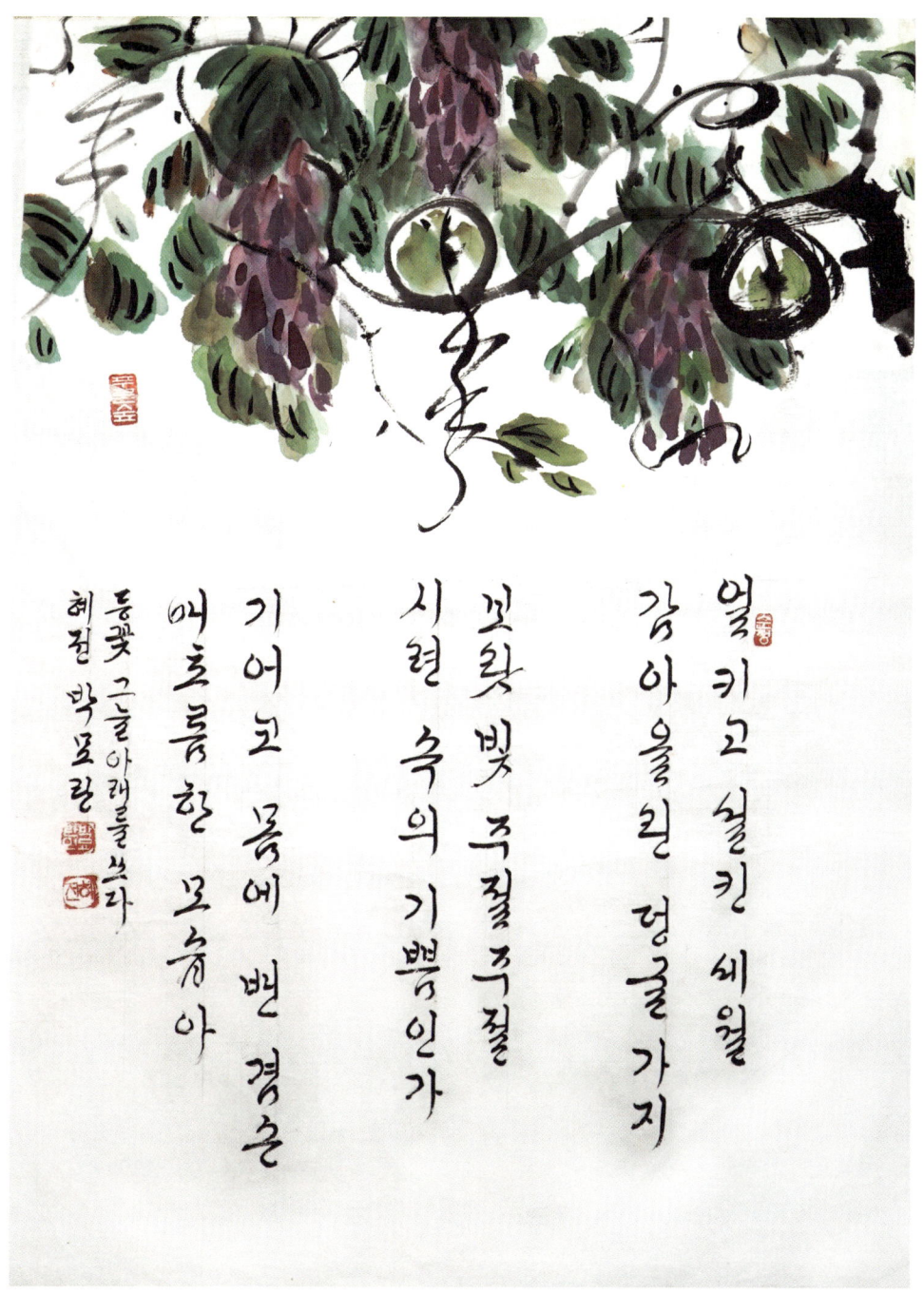

얽키고 설킨 세월
감아올린 덩굴가지
꽃빛 주절주절
시련 속의 기쁨인가
기어코 품에 번 결실
매초롬한 모습아

등꽃 그늘 아래를 쓰다
혜전 박모란

채송화 꽃마음

키가 작다고 흉보지 말아요
순진하고 천진난만한
꽃말 품은
아가꽃이래요

그렇지만
어디든 기어가는 힘은
자신 있어요.

빨강 노랑 분홍 주황
한여름 뜨락에
수채화를 그리는
귀염둥이래요

접시꽃 다알리아 분꽃
봉숭아
언니 꽃들 아래서

쬐끄만 씨알 하나
여기저기 흩뿌려져
해마다 부활하는
앙증맞은 꽃이래요

사랑한다
고맙다
귀엽다

이런 말이
제일 듣기 좋구먼요.

채송화 꽃마음

키가 작다고 흉보지 말아요.
순진하고 천진난만 한 꽃말 품은
아가 꽃이래요.
그렇지만 어디든 기어가는 힘은 자신있어요.
빨강.노랑. 분홍 주황
한여름 뜨락에 알록달록
수채화를 그리는 귀염둥이래요.
접시꽃. 다알리아. 분꽃. 봉숭아
언니 꽃들 아래서
조그만 씨알 하나
여기 저기 흩뿌려져
해마다 부활하는
앙증맞은 꽃이래요.
사랑한다
고맙다
귀엽다
이런말이 제일 듣기
좋구면요.

자작시 혜진 박표란

백련이 피는 아침

새벽을 찢어 핀
백련 한송이

초산(初産)의 아픔을 삼키려
넓은 이파리 가늘게
떨고

갓 태어난 순백(純白)의
꽃이파리

가멸찬 순정으로
첫새벽을 맞는다.

백련이 피는 아침

새벽을 찢어 뒬
백련 한 송이
호산의 아픔을
삼키려 넓은 이파리
가늘게 떨고
갓 태어난 수백의
꽃 이파리

가열찬 수줍음으로
첫새벽을 맞는다

이철이십년 여름
혜린 박옥란

찔레꽃

꽃잎을 물었다
하얀 순정의 살내음이
가시에 찔려 아리다

한껏 타버린
노을 속
눈물 속 눈물로
방울짓는 하얀꽃

어느 먼
외딸은 개여울
초조(初潮)에 놀라
발목 적셔 떨고 있는
소녀의 모습이런가

다라진 무성한
된가시에 찔려
밤도와 울어 지샌

자몽한
찔레향이여.

다라진
무성한
된 가시에
찔려
밤도와
울어지샌
자몽한
찔레향
이여!

이천십구년 가을 찔레꽃 일무를쓰다
혜진 박묘란

나팔꽃 편지

혼자서는 오를 수
없나이다

싸리울 틈시어로
거문고 줄을 타고
기쁜소식 전하는
나팔을 불겠나이다

아침이슬 머금고
등산길 풀꽃 사이로
도레미송 노래를
불겠나이다.

밤하늘 달빛줄을 타고
구비구비 설레이다가
내일도 모레도
보랏빛 새벽종을
울리겠나이다.

나팔꽃 편지

밤하늘 달빛을 타고
구비구비
설레이다가
내일도
모레도
꽃빛
새벽중을
울리겠나이다

이천삼팔년여름 나팔꽃일구를쓰다
혜린 박 모란

능소화(凌霄花)

누군가를 향해
어디든
뻗어가리라

가냘픈 몸이지만
하늘솟는 발길은
힘이 솟구치이다

어느 가정집
울타리 너머로
고향집 허물어진
돌담 사이로

높은 빌딩
두터운 벽을 타고

폭염 찢는 매아미들
연가(戀歌)에
못다한 그리움

육신 바쳐 담금질한
주황빛 꽃잎마다
지친 영혼 달래려

여린 몸을 뉘인다.

능소화

못다한
그리움
육신 바쳐
황금질한
주황빛
꽃잎마다
지친 영혼
달래려
여린 꿈을
뉘인다

이월설 짤린 여름 능소화 일곱 률을 쓰다
혜정 박꽃란

무궁화

무궁화 무궁화
우리나라꽃

유구한 역사 속
고되고 멍든 세월
겨레와 더불어
견뎌왔구나

하양 분홍 연보라
맑게 피우며
석달 열흘 소리없이
피고 지는데

아침마다
이슬 맺힌 새 얼굴
싱그롭고

해가 지면
조심조심 꽃이파리
거두어 떨어지는
겸허한 네 모습
참으로 미쁘고
늘해랑 같구나

삼천리 강산에
우리나라꽃
억만겁(劫) 이어갈
겨레의 표상이여!

무궁화 무궁화
우리 나라 꽃
유구한 역사 속
고되고 멍든 세월
겨레와 더불어
견뎌왔구나

해가 지면
조심 조심 꽃이 피리
거두어 떨어지는
겸허한 너 모습

참으로 이쁘고
늘 해 왕 같구나
삼천리 강산에
우리나라 꽃

하양 분홍 연보라
맑게 피우며
싯긴 별들을 소리없이
피고 지는데
아침마다 이슬 맺힌
새 얼굴 싱그롭고

억만겁 이어갈
겨레의 모습이여

무궁화를 쓴다
혜진 박 요란

시	셰	이	러	ᄉ	달	니	솅
러	듣	니	져	몯	아	라	종
ㅍ							ᅌᅵᆼ져ᇰ
ㄷ							훈
믈							민
ᄒᆞ							져ᇰ
노	ㅸ	배	빅	ᄊ	서	귁	져ᇰ
미	들	이	셔ᇰ	이	르	에	ᅙᅳᆷ

코스모스

가을이 되면
우린 저마다
알록달록 옷을 입고
어울려 핀답니다

혼자서는 영 재미가
없어요.

우리는 아플 때도 저마다의
몸짓으로 함께
아프답니다.

우리는 해가 뜨면
햇빛과 어울리고

밤이 되면
더불어 별빛과 달빛과
어울린답니다

그리하여
우리는 서로가 서로의
사랑이 되어

즐겁게 흔들리며
어울려 살아간답니다.

우리는
서로가
서로의
사랑이 되어
즐겁게
흔들리며
어울려
살아
간답니다

이천이십던가을 코스모스 일부를쓰다
혜전박묘란

그 꽃
- 사루비아 추억 -

해마다 갈바람에
옷깃을 여밀 때
생각나는 그 꽃

"오늘 아침 학교운동장 정원에
빠알간 사루비아가 유난히 반짝이었소"

첫사랑
첫편지

사랑한다는 말 대신
불타는 체향(體香)
꽃말 품은
그 꽃

지구가 예순 바퀴 돌아
그 님은 먼 하늘나라로 갔지만

오늘도 가슴속 깊이
아스라이 자리잡은
영원한 사랑의 꽃

사루비아! 그 꽃.

해마다
갈 바람에
옷깃을
여밀 때
생각 나는
그 꽃
오늘도
가슴 속
길이

그  꽃

아스라이
자리 잡은
영원한
사랑의 꽃
사뿐히 아

이천십팔년 가을
그 꽃 일구그를 쓰다
혜진 박모란

들국화

산구비 돌아돌아
양지바른 비알섶에
오밀조밀 둥지 틀어

가을볕 부대끼며
숨어 가꾼 속살을
수줍게 드러낸 하이얀
꽃송이들

등성이 너머로
애송구름 재롱이
한창이고

기다림에 겨운 동공들은
끝없는 하늘자락에 푸르게
잠긴다.

몽실한 가슴
달뜬 소녀들의 미소따라

겁없는 들꽃향은
들퍽지게 흐르고

가을 볕살에
작정하고 따라 나선
지팡이 할매들
가뭇한 꽃시절
뒤적뒤적

정겨운 콧노래가
늦가을 석양볕에
갈피갈피 부스댄다.

가을 볕살에
작정하고 따라 나선
지팡이 할매들
가뿟한 꽃시절
뒤적뒤적
정겨운 콧노래가
늦가을 석양볕에
길지 길지
곡스런다

이천십구년 가을 들국화 일어그들 쓰다
혜진 박옥린

산구비돌아들아 양지바른비알숲에 오밀조밀둥지틀어 가을볕부대끼여
숨어가꾼속살을 수줍게들어낸 하이얀꽃송이들 둥성이너머론 혜전

코스모스 길 따라

쪽빛하늘 머리이고
연분홍 진분홍 하양 노랑
가을 수채화

터질 듯한
소녀들 가슴엔
카메라 숨가쁘고

시월 볕살에 끌려나온
연인들은
찬란한 미지수로
속살대기 바쁜데

팔순줄 늙마들
눈동자 속은
비끼는 석양조차
시려워

한 시절의 추억을
발자욱에 실어본다.

쪽빛 하늘 머리이고
연분홍 진분홍
가을 속에 화
시려워
키키는 석양조차
눈동자 속은
팔 손을 늙어들
한시절의 추억을
발자욱에
실어 본다

이천이십년 가을 코스모스 길따라
일묵을 쓰다 혜린 박모란

동백꽃

그리움에 익사한
넋이
엄동설한 짓이겨

못다 이룬 사랑이사
시름으로 담금질해

진홍빛 꽃송이 되어
울어 삼킨 멍울사랑.

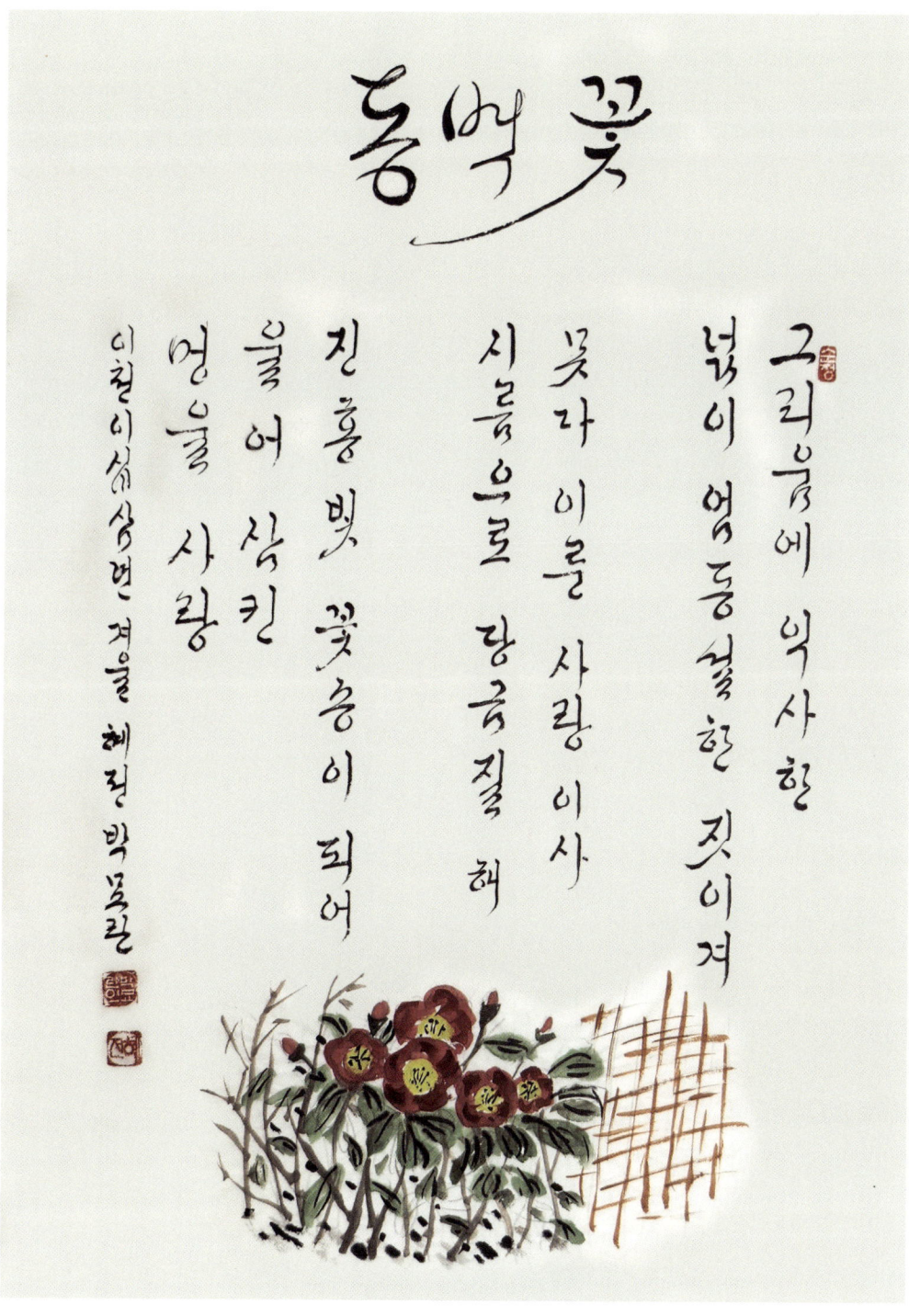

세미원(洗美苑) 연꽃 옆에서

진흙뻘에 파묻쳐도
더럽히지 않는 꽃
밑으로 밑으로만 내리는
하심(下心)을 먹고 자란
불화(佛花)

숭숭 뚫린 뿌리의 몸부림은
천둥우레 담금질한 꽃잎들이
소롯이 빠져나간 흔적들의
아우성인가

물방을 하나도 용납않는
초록잎새 넓은 그늘에서
금강경을 묵송(默誦)하는
고추잠자리 한마리가
고된 나래를 꺾어
천진하게 졸고 있는
하오(下午)

몰래 뻗은 꽃대궁에
활짝 내민 맑은 얼굴
고요한 미소에 쏟아지는
찬란한 빛살은
티끌세상 뒤안길 밝히는
꽃등불 되어

오늘도
사람의 마음밭을 찾아들어
아낌없이 비춘다

흙길 세상
뒤안길 밝히는
꽃등불 되어
오늘도
사람의 마음밭을
찾아들어
아낌없이
비추랴

시원이섬이면 여름
세미원 연꽃옆에서 일곱물글쓰다
혜진 박조현

매화마을에서

전라도 광양땅
섬진강 십리길 돌고 돌아
양지바른 산비알에
주저앉은 매화마을

팔순 홍쌍리 매화할매 손길에서 자라난
한그루 두그루 천그루 만그루 십만그루
구름같은 매화들이 봄을 깨운다

반물치마 흰저고리 시절부터
홍쌍리할매의 오달진 숨결이
서리서리 맺힌 곳

동지섣달 칼바람 이겨내고
새봄을 깨우자는
꽃송이들!

여기도 꽃 저기도 꽃

새색시 입술보다
촉촉한 홍매화 청향(淸香)이
하늘자락에 몸을 풀고

봉긋봉긋 물오른 꽃망울들이
터질 듯한 체향(體香)을 감추느라
몸부림치는데

팔순 홍쌍리 매화할매 주름살은
매향(梅香)에 흠뻑 취해 볼콰하다

아! 찬란한 봄의 향기여.

2023.3.1. 광양 매화마을 탐방
　　　　(가족들과 함께)

여기도 꽃
저기도 꽃
새색시
입술 보다
촉촉한
청향이
하늘 자락에
물을 들다
아!
찬란한 봄의 향기여

이현이섬삼년 꽃매화마을에서
일복이를쓰다 혜진 박옥란

제4편
봄이 오는 소리

눈록(嫩綠)

꽃들이 떠난 자리
잠투정 소리

풍상(風霜)을
저며 내민
여린 잎새 눈부시다

햇가지 눈록의 향연
살찐 햇살 푸지다

초록

꽃들이 떠난 자리
장독 위 소리

흑 상을
저며내면
여린 잎새 눈꺼시다

햇가지 초록의 향연
살짝 햇살 두지다

이천이십일년 봄 혜진 박효린

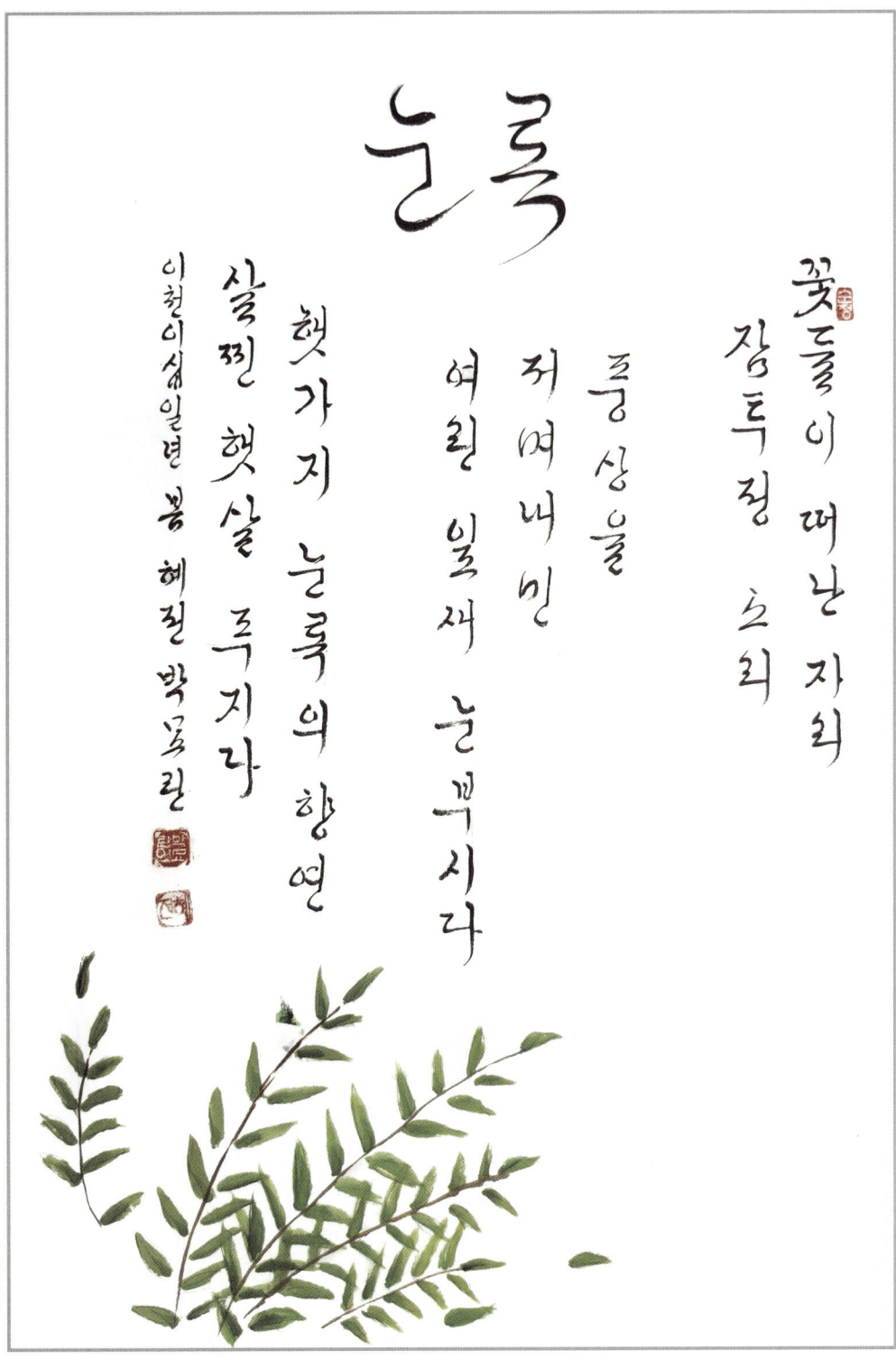

봄이 오는 소리

먼 들판 물빛 속에
하늘자락
몸을 풀고

버들개지 잠투정

개여울에 사운대는
물소리

봄이 오는 소리

먼 들판 들빛 속에
하늘자락
봄을 풀고

떠들거지 잠 투정
개여울에 사운대는
물소리

이천이십일년 봄
혜진 박묘련

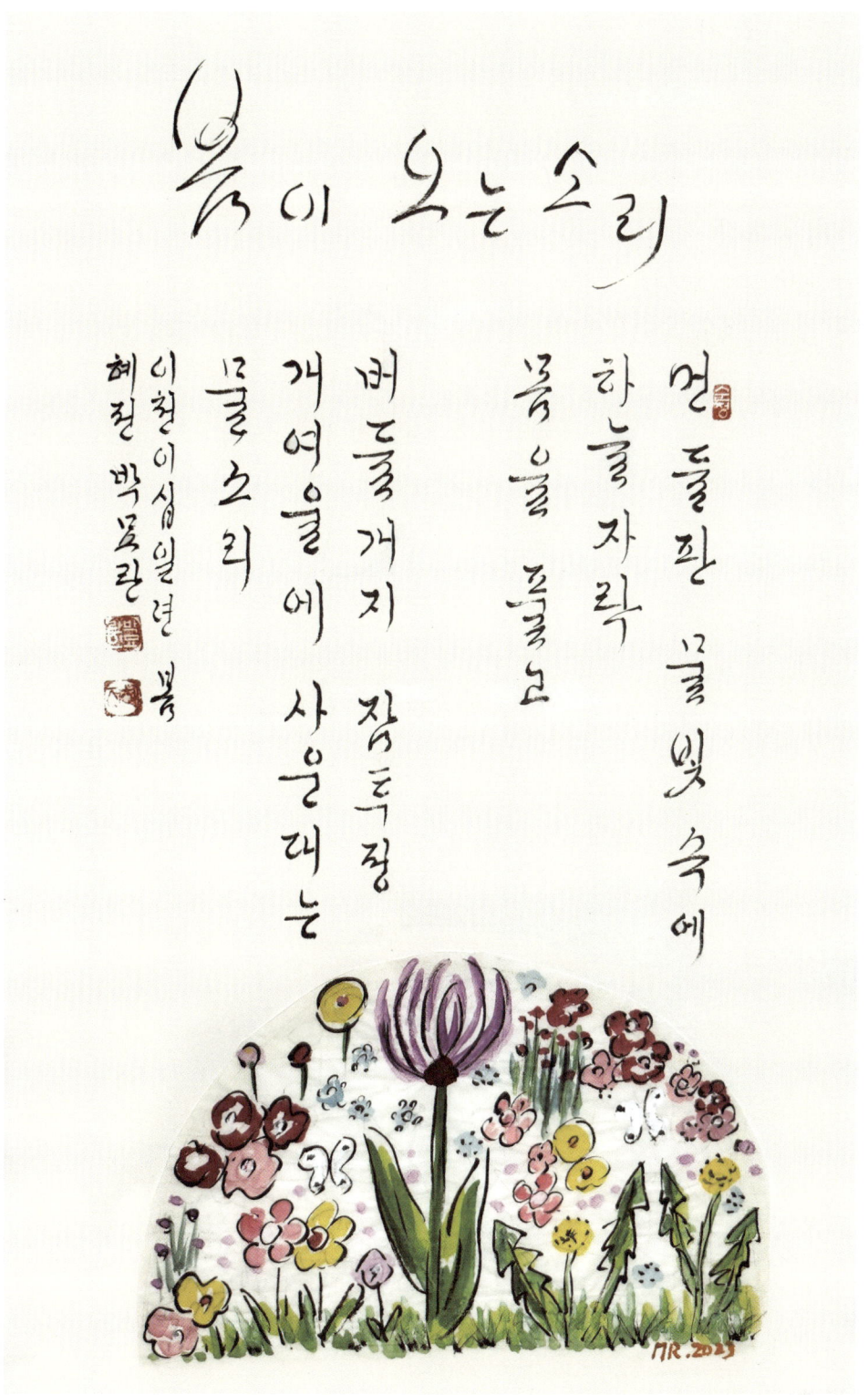

조롱박 추억

어릴적 고향집
헛간 초가지붕 위에
뽀얀 보름달같은
참박이 널부르져
뒹굴었지

싸릿대 줄을 타고
새하얀 박꽃
싱그롭게 피우더니
호리병 닮은
조롱조롱 조롱박

몰래몰래 지붕 위로
쑥쑥 자랐었지

추석 제사상에
박나물 향기

우물가 동네 처자
지나가는 나그네
물 한바가지

나뭇잎 한 잎 띄워
수줍게 권했었지

집집마다 황토벽에
주렁주렁 복바가지

쌀씻고 나무새 씻고
모래알 일고

언젠가
프라스틱 바가지에 밀려
어디론가 가버렸지

아!
그 때 그 시절
할무이 손맛이
새록새록 그립워!

조롱박 추억

싸릿대 줄을 타고
새하얀 박꽃
싱그럽게 피우더니
호리병 닮은
조롱조롱 조롱박
둘레 둘레
지붕 위로 쑥쑥 자랐었지
집집마다 황토벽에
주렁주렁 복바가지

이천이십삼년 가을 조롱박 일기글을 쓰다
혜원 박목란

봄내음

골목시장 인심 좋은
아지매들
봄나물 사이쇼
쌉쓸한 봄나물요

달래 냉이 씀바귀
쑥 냉이 머위 곰취
한가득 장바구니

보글보글 토장국
새콤달콤 봄나물
갓 짠 참기름 들기름에
무치고 찌지고 볶고

우리집
식탁 밥도둑
정겨운 웃음꽃

상큼한 봄내음에
고운님 입맞추네.

골목시장
인심 좋은 아지매들
"쑥나물 사이소,
쌉쌀한 쑥나물요"

우리집 식탁
밤도독
정겨운 웃음꽃

이천이십일년 쑥내음 일다 쑥나물쓰다
혜진 박 꼬란

꽃멀미

사람냄새가 있고
풀냄새가 있고
꽃냄새가 있다
냄새가 진하면 멀미가 난다

양파를 까듯 산다는 것은
까볼수록 허망하다는 냄새가 난다

꽃잎파리 하나 핀다는 것은
어머니 산통만큼이나
고통스러울 게다
저 홀로 피고 지는
들꽃들은 오죽할까

사랑을 해야지
사랑을 해야지
단 하루를 살아도
산 것같이 사랑을 해야지

들꽃들의 눈물 속 고통을 보며
피뜩
행복한 구역질을 해본다.

꽃멀미

사람 냄새가 있고
풀 냄새가 있고
꽃 냄새가 있다

냄새가
진하면
멀미가 난다

이천이십삼년 여름 꽃멀미
일부를 쓰다 혜원 박모란

꽃바람 동무

봉창 틈시어로 향긋이 들어온다

"안녕
잘 잤니?"

"오 어서 와"

조곤조곤
살랑살랑

내 아침이
열린다

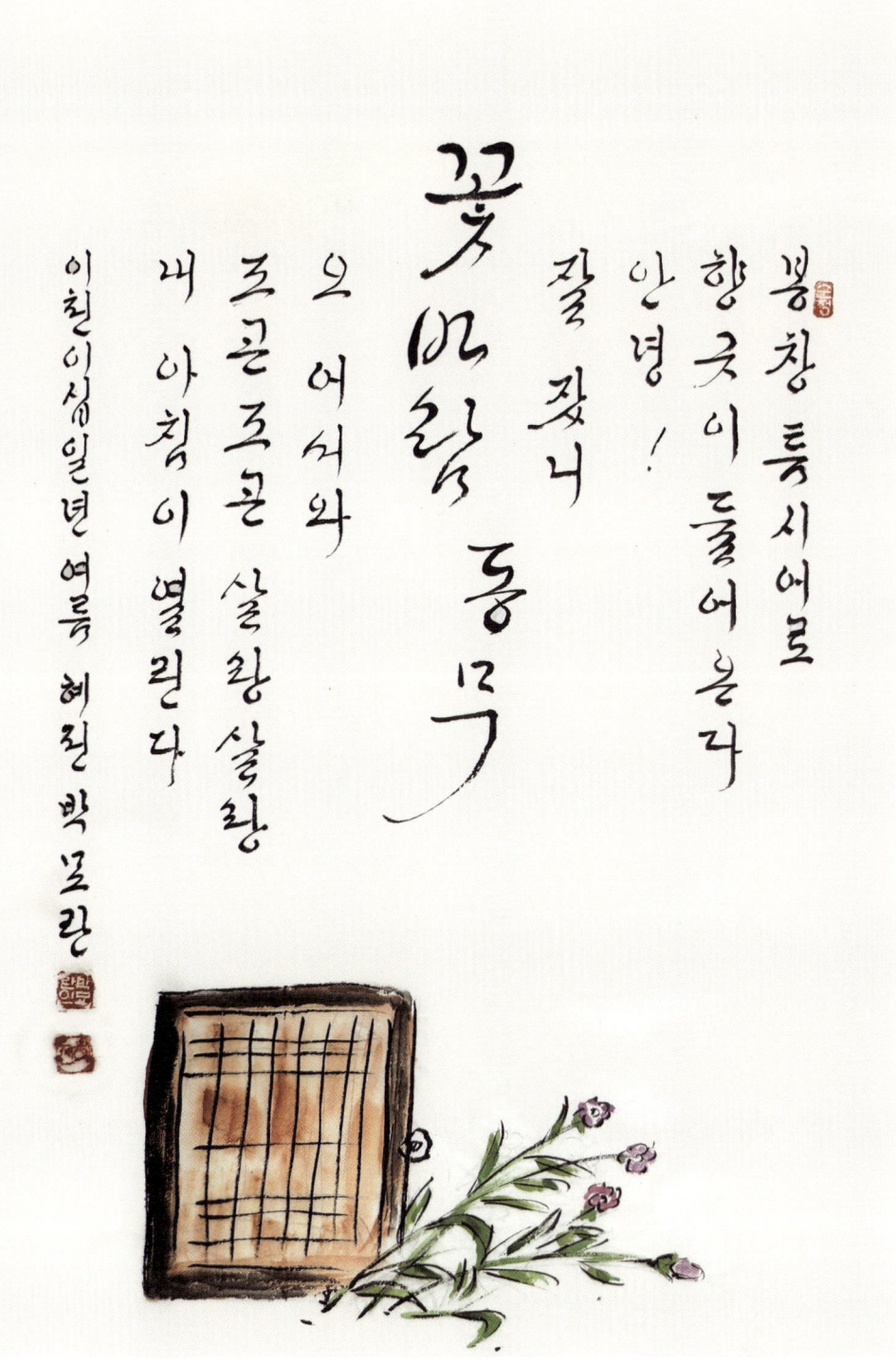

뽕창 틈 사이로
향긋이 들어온다
안녕!
잘 잤니

꽃마람 동무

으 어서와
조곤조곤 살랑살랑
내 아침이 열린다

이천이십일년 여름 혜린 박모란

꽃구름

새하얀 꽃구름
풋풋한 가을향기
생각난다 그 사람

너랑 나랑
꽃구름 속에
하무뭇하게 놀아볼거나

어느 하늘 별이 되어
오늘도 반짝반짝!

꽃구름

새하얀 꽃구름
푸릇푸릇한 가을 향기
생각 난다
그 사랑

너랑 나랑 꽃구름 속에
하늣긋하게
놀아 볼거나

어느 하늘 별이 되어
오늘도 반짝 반짝!

이천이십 일년 가을
혜진 박조련

꽃비를 맞으며

님사랑 수유(須臾)란가
꽃비 맞아 젖은 가슴

길어야 팔구십년
세상살이 잠깐인데

사나흘 꽃보라 향연
미어지는 가슴속

봄 사랑 수음란가
꽃피 맞아 젖은 가슴
길어야 팔구십년

꽃비를 맞으며

세상살이 잠깐인데
사나흘 꽃꼬라 향연
이어지는 가슴 속

이철이섭년 봄
혜전 박보란

소나무 I

치솟는 태생 기운 하늘 향해
뿜으련가

거칠은 흙갈색 몸
주체 못한 그리움은

우듬지 뭉근한 추파에
애송구름 가쁘오

소나무(Ⅰ)

치솟는 태생기운
하늘향해 뿜으련가
거칠은 흑갈색모습
주체못할그리움을
우듬지둥근화추파에
애송구름가뿌오

이천십구년겨울
혜진 박모란

소나무 Ⅱ

길 잃은 노을 속
천년도 수유(須臾)란가

엄동설한 살라 먹은
억겁 향한 몸부림아

꽃구름 몸 푸는 가지
하늘마저 벙글어

소나무 (Ⅱ)

길잃은노을속
천년도수유란가
억겁향한
몸부림아
꽃구름몸푸는가지
하늘마저병들어

이천십구년 초겨울
혜전 박묘란

소나무 Ⅲ

어디메 깊숙한 골
비알 섶에 둥지 틀어

흰구름 쉬어 가라
육신 찢어 뻗은 가지

화라지 살가운 품속
어진 하늘 잠들어.

소나무 (Ⅲ)

어디메 군숙한 곳
비알 숲에 둥지 틀어
흰구름 쉬어가라
육신 찢어
뻗은 가지
화라지 살가운 품속
어진 하늘 잡들어

이천이십년 초겨울
혜전 박묘란

석류

가신 님 그려보다
타버린 님의 모습

알알이 시름겨워
맺혀버린 시린소리

오늘도 꿈으로 삭여
멍울진 그리움아.

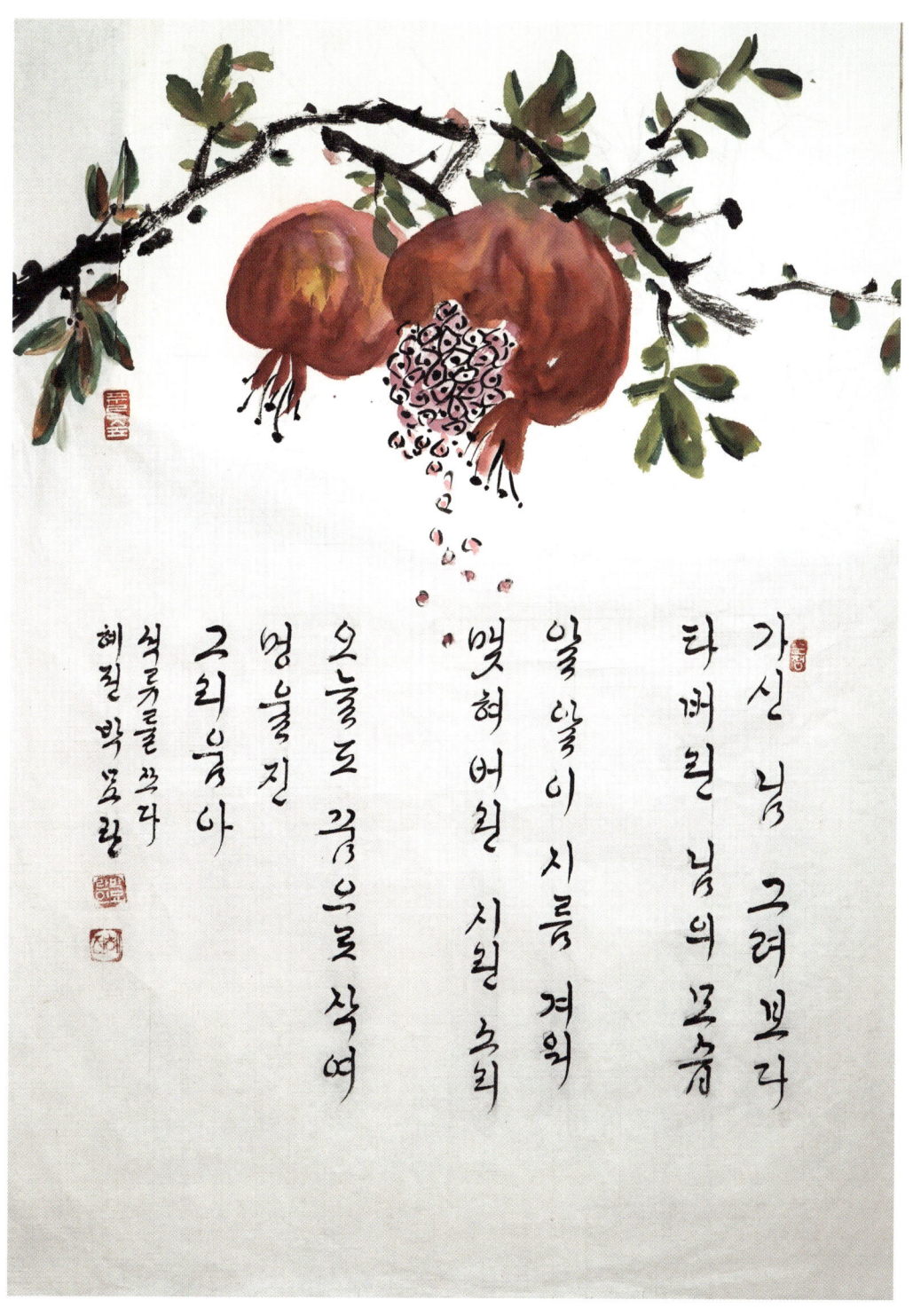

가신 님 그려보다
터져버린 님의 모습
알알이 시름 겨워
맺혀버린 시린 속의
오늘도 꿈으로 삭여
영글진
그리움아
싴으로 일렁이며
헤질 날 모를

속초 바닷가에서

쏴아 쏴아
철석 철석
하얀 물보라
하늘에 솟고

카메라들
추억 갈무리에
바쁘다

아무려나
일상에서 벗어난 즐거움이
기특도 한데

묵은 때 몰아가는
파돗소리 구성지고

어느새
낮달도 내려와 벙긋그리네

2021.9.26. 수녀친구 휴가때 경여중친구 셋이서

속초 (바닷가에서)

쏴아쏴아 철석철석
하얀 물보라 하늘에 솟고
카메라들 추억 갈무리에
바쁘다 야단이러나
일상에서 벗어난
즐거움이 가득도 한데
묵은 때 물어가는
파도 소리 구성지고
어느새 낮달도 내려와
빙긋 그리네

이천이십일년 여름 혜진 박모란

가을 호숫가에서
― 과천 대공원 호수 ―

등성이 너머
가을볕에 익어가는
애송구름 한 무리가
호수에 빠져 자맥질하고

무리지어 나타난 오리떼들이
물에 빠진 낮달을 쪼느라 분주한데

문득
주름살 꼬집는
가뭇한 기억들이
하나 둘 부시시
잠투세 요란하다

젊은 날들 그
허접스런 날들이
줄줄이 꽃시절로 다가 와
대공원 호반에서
콧노래를 부른다

한소끔 뜸을 들인
발목 삔 그리움도
싸목싸목 눈시울에 매달려

황혼녘 매마른 가슴을
석양 비낀 윤슬처럼 반짝이며
버겁도록
적신다.

젊은 날들
그 허접스런 날들이
즐글즐글이
꽃시절로 다가와
대공원 호반에서
굿 그 해를
구른다
이현시섬이던 가을
가을 훗가에서 일기를쓰다
혜진 박 꽃그린

제5편 꽃비에 젖어

성묘

쑥부쟁이 보는 눈길
가늘게 떨고 있다

어쩌다
당신은 누워 있고
나는 서 있소

만갈래 억념일랑
말해 무엇 하겠소

한송이 쑥부쟁이 꽃이 되어
당신의 잠자리를 살펴드리리다

쑥꾹쟁이 보는 눈길
가늘게 떨고 있다
어쩌다 당신은 누어 있고
나는 서 있소

말걸어 억년일황 말해
무엇하겠소
한송이 쑥꾹쟁이 꽃이 되어
당신의 잠자리를 살펴드리리라

이천십팔년 가을 성모를 쓰다
혜전 박꽃란

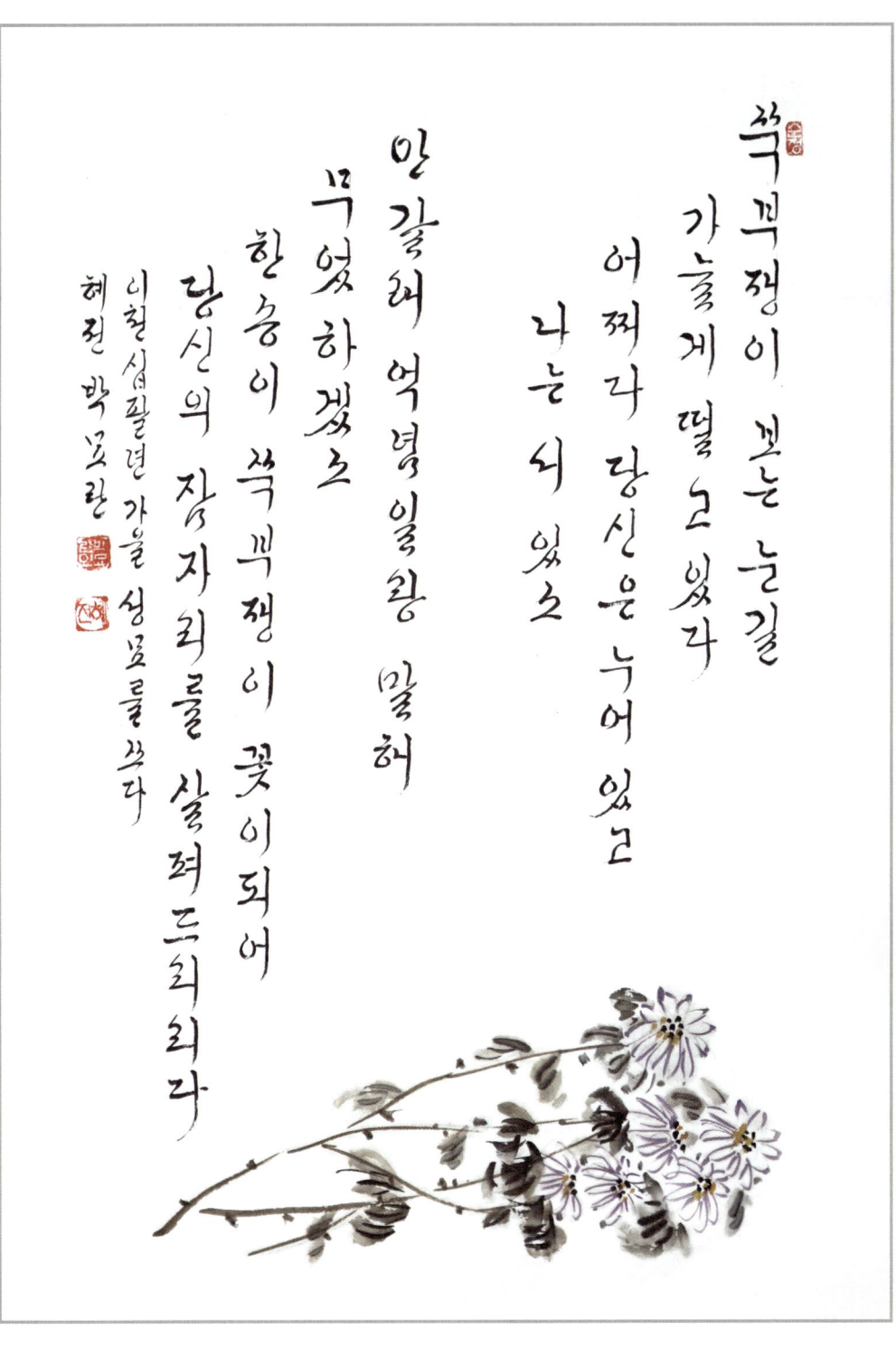

추석

시끌벅적
야단법석
시장마다 골목마다
사람냄새 풍겼지

고향길 고생길
부푼 꿈 한아름
조상님께 부모님께
감사와 사랑이
넘쳐났었지

휘영청 밝은 달
둥글둥글 보름달
사랑 감사 소망
한 가득 품고

어제도 오늘도 내일도
따뜻한 밝은 세상
되어달라고.

휘영청
밝은 달
둥글둥글
보름달
사랑 감사 소망
한가득 품고
어제도 오늘도
내일도
따뜻한
밝은 세상
되어 달라고!

이천이십일년 추석 보름달을 쓰다
혜진 박모란

꽃비에 젖어

여든 줄에 들어
내가 나를 바라보니
광야에 버려진 손수레같다

바퀴는 내장이 삭아
숨이 끊어지고
바퀴살은 녹이 슬어
떨어질 듯 붙어있다

아무리 후하게 헤아려도
내가 나를 보는 서글픔이
가실 줄 모르는데

꽃비가 돌아보며 말한다
이것 또한 한철이라고!

세상은 또 몇 차례나
꽃비를 뿌릴 것인가
나는 날마다 기도하는
少女가 된다

꽃비가 둘이서여
말한다
이것 또한
한철이라고!
세상은 또 몇차례나
꽃비를
뿌릴 것인가
나는 날마다
기도하는
소녀가 된다

미쳐이섭이년여름 꽃비에젖어
일곱을쓰다 혜진박모란

축복

무심히 스치는
샛바람 한줄기도
축복이라 설레일 때가 있다

살바람 이겨내고 봄을 깨우는
버들개지 잠투정소리도
얼마나 축복인가

더불어 무리지어 천성으로 노래하며
창공을 날으는 삶의 비상
그 얼마나 축복인가

지친 몸 둥지 찾아
터벅거릴 때
놀이터 꼬맹이들
난만한 소리에
고된 발길 착해져
이 또한 얼마만한 축복인가

자연의 한조각으로 순응하며
밥술을 넘기는
팔순 늙은이

오늘도 친구들과 희희낙락
전화하고 카톡을 하니
이 또한 그 무엇으로 감당할
질펀한 축복이란 말인가.

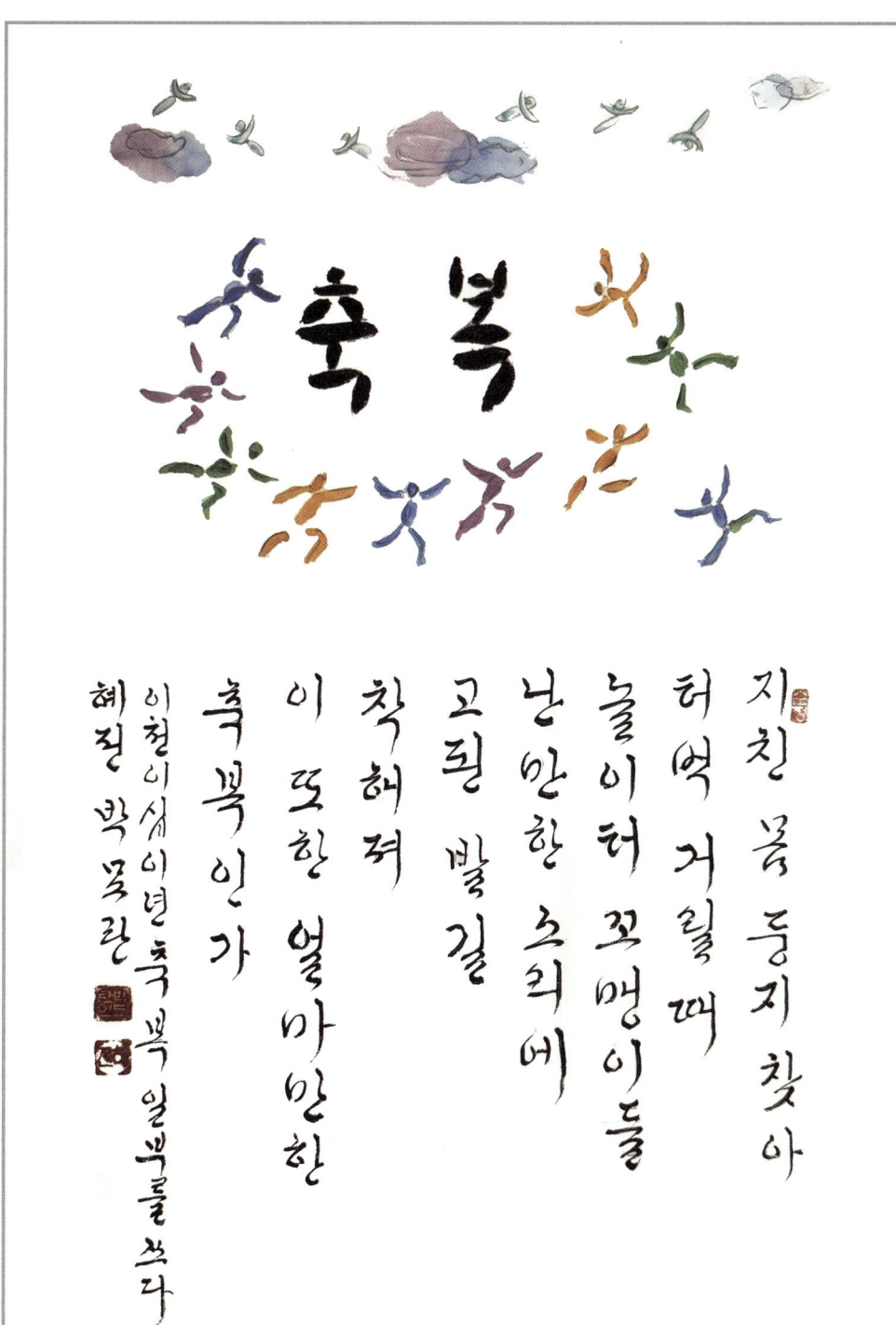

지친 몸 둥지 찾아
터벅거릴 때
놀이터 꼬맹이들
난만한 소리에
고된 발길
착해져
이 또한 얼마만한
축복인가

이천이십이년 축복 일곱물을 쓰다
혜진 박목련

단풍

빨가장한 치마
노로소롬 저고리
꽃단장하고
님 그리워 속태우나

우렛소리 하늬바람
삼켜 삭여 간직한 정(情)

고운님 오시는 날에
싸륵싸륵 뿌리리.

단풍

빨가장한 치마
노오슬혹 저고리
꽃단장 하고
님 그리워 속태우나

으렛소리 하늬바람
삼켜 삭여 간직한 정
고은 님 오시는 날
싸륵싸륵 퍽 피리

이천이십삼년 가을 혜진 박모란

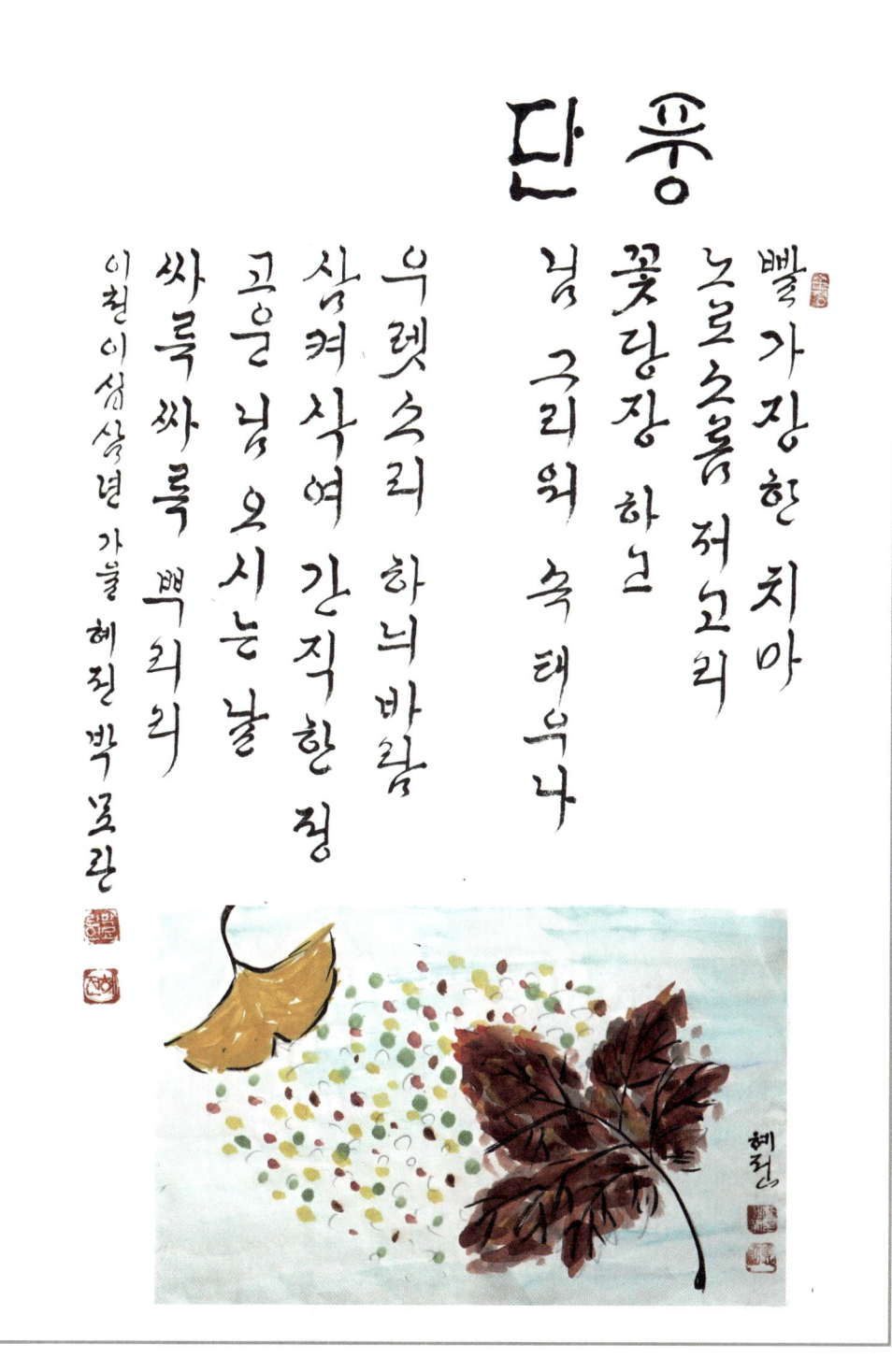

낙엽

봄 여름
고 찬란했던
지난날

네 가슴 뒤란에
고이 묻어 두고

추억마져 샛강에
퍼다버린채

소슬바람에 서걱서걱
뒹굴며
나대며
짓밟혀

비뚤어 서 있는
멀뚝한 대빗자루 등살에

속절없이 끌려가고
마는구나

아!
이것이 너의 삶

너와 나의
마지막 소풍길
뭐가 다르랴.

꽃 여름 고 찬란했던 지난 날
네 가슴 뒤편에 고이 묻어두고
흑역마저 씻강에 적시 버린 채

오늘 바람에 서걱서걱
뒹굴며 나뒹며 짓밟혀
비뚤어져 서 있는 얼뚝한

더벗자락 둥살에 속절없이
끌려가고 마는구나
아! 이것이 너의 삶

너와 나의 마지막 소풍길
뫼가 다르랴

이천십구년 가을 낙엽을 쓰다 혜린 박꼬란

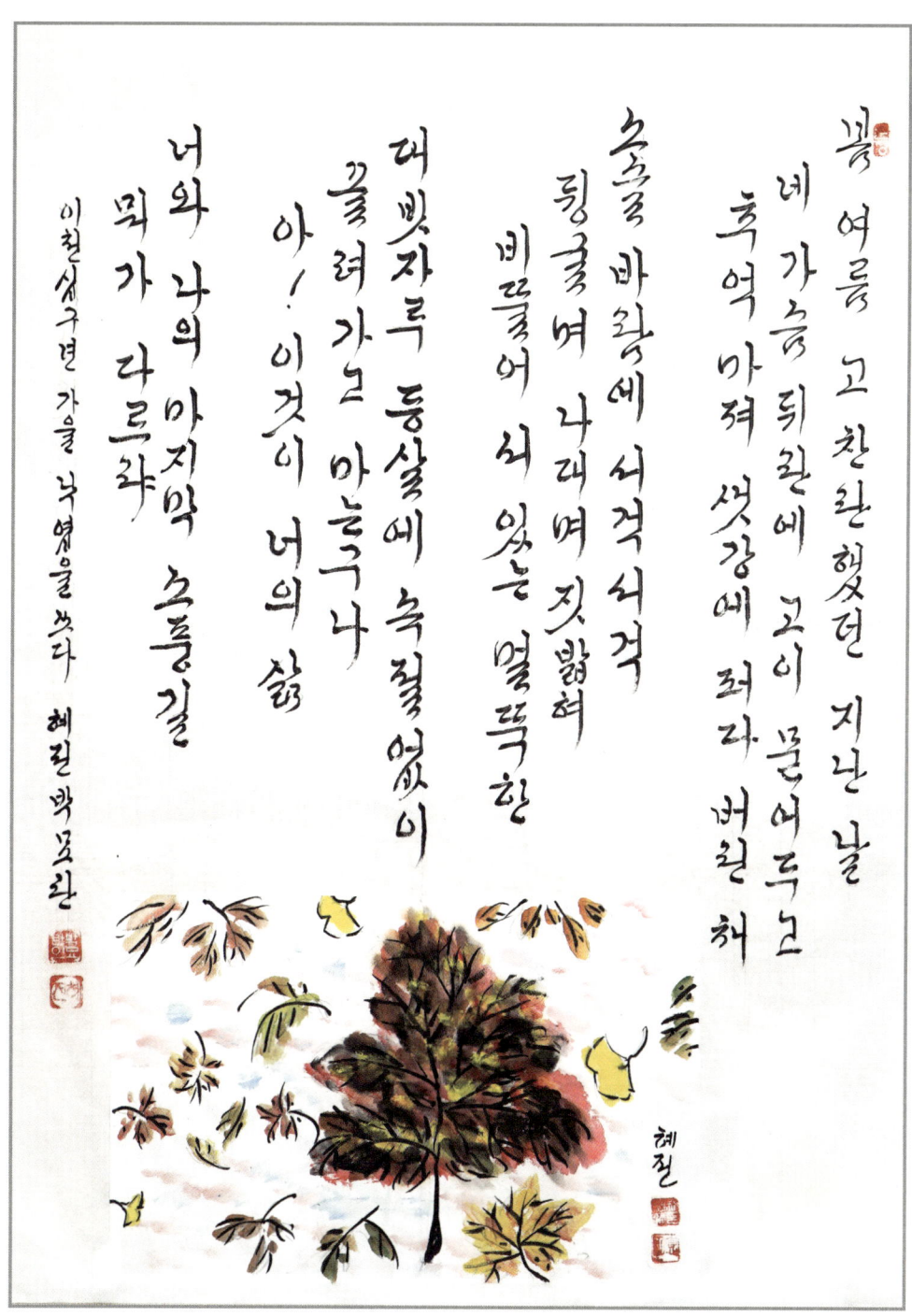

낙엽속으로

자박자박
자연과 한몸 되어
사색을 즐기는
나 혼자 걷는 길

타박타박
도란도란 손잡고
사랑을 노래하는
너와 같이 걷는 길

바스락바스락
소담소담 웃음꽃
기쁨이 넘쳐나는
친구 같이 걷는 길

낙엽 속으로

자박자박
자연과 한 몸 되어
사색을 즐기는
나 홀로 걷는 길

타박타박
도란도란 손잡고
사랑을 노래하는
너와 같이 걷는 길

바스락 바스락
소담스런 웃음 꽃
기쁨이 넘쳐 나는
친구 같이 걷는 길

이현이 섬이면 가을 혜진 박 목 란

2020년 4월이여 안녕!

우리 꽃마을에 사는
청순한 백목련들이 괴질에 할퀴어
비릿한 눈물만 뿌려놓고,
등 떠밀리어 아프게 태어난
봄꽃들도 하나 둘 핏끼 잃어 시드는
4월이여!
아쉬워도 붙잡을 수 없구나,
삽시간에 세상을 가둬버린
코로나 괴질에 발목을 삐어
화사하던 네 모습이 남루하기
짝이 없구나!

행여 이 땅에 더럽히진 홀씨
하나라도 떨굴까 두렵구나,
가는 김에 세상의 온갖 허접스런
탐욕의 따리까지 모조리
쓸어가 다오!

이제 하늘도 조금씩
제 입맛을 찾아가고
휑하던 운동장도 맥빠진 길거리도
사람사는 소리로 웅성거리는데
차마 기침소리 한번
마음놓고 하지 못한 가련한
경자년 4월이여!

이 다음 세상 이 땅에 다시 올 때는
잃어버린 싱싱한 봄기운을 데리고
담 너머 시집가는 새악씨처럼
참한 모습으로만
와 다오!

서기 2020 경자년 4월이여!

행여 이 땅에
더렵히진
흙씨 하나라도
떨굴까 두렵구나
가는 길에
세상의 온갖
처럼 시련 행복의
딱 되까지
목소리 쓸어가 다오!

서기이천이십년 사월이여! 일흔두룰쓰다
혜진 박 꽃관

벌써

경자년 붉은 해를 맞으며
새해인가 했더니
벌써
선머슴아처럼
불쑥 나타나는
입춘대길(立春大吉)

남녘엔
온통 푸른 너울에 부대껴
벌써
홍매화가 배시시
눈웃음을 붉혔다지

아련히 엄습하는
매향의 숨결이
코끝을 간지르네

겨우네 두툼한 옷가지
벗어던지니
마음도 몸도
봄신명(神明) 질펀한
눈록(嫩綠) 속을
배회하는구나.

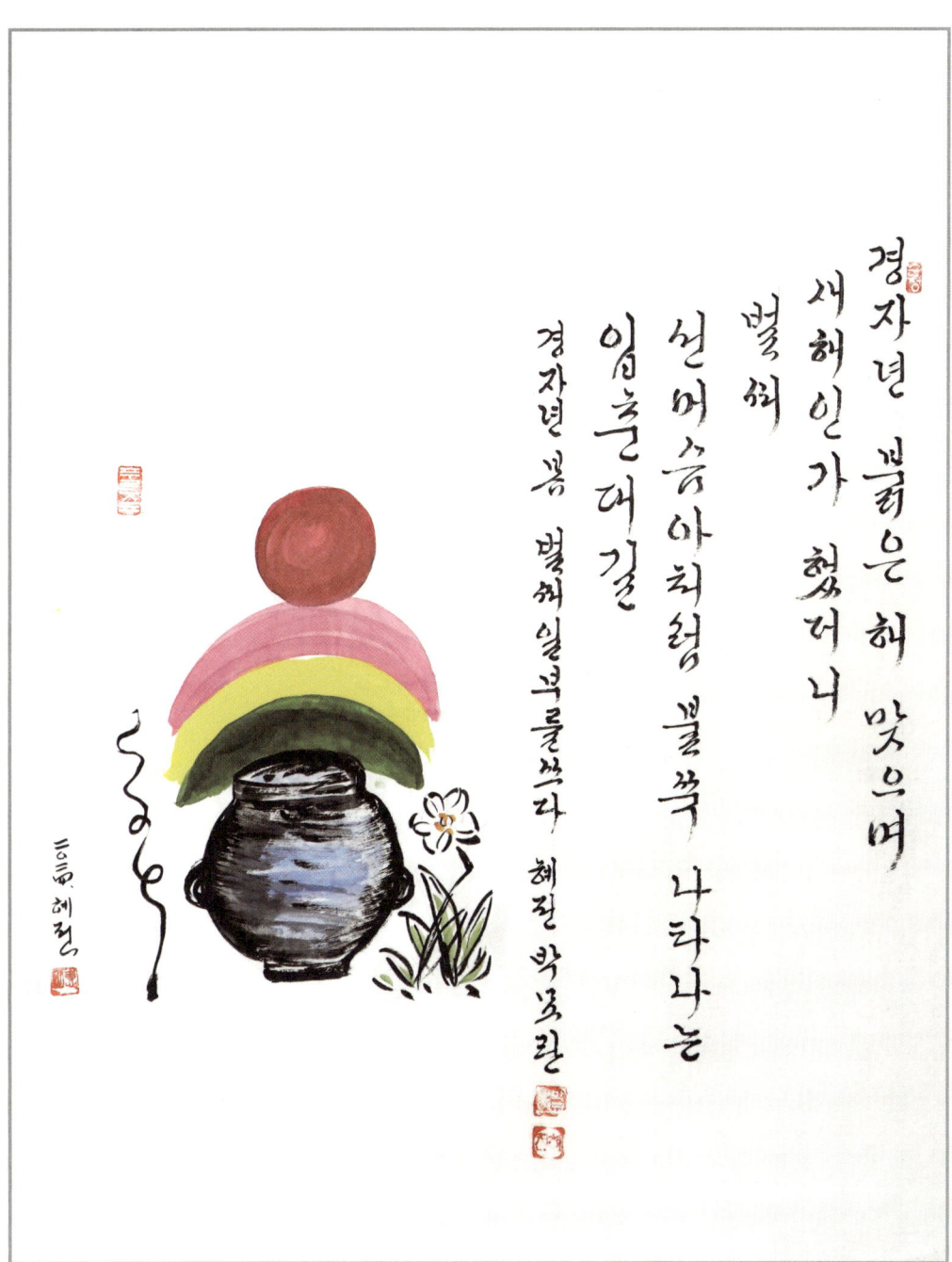

경자년 붉은 해 맞으며
새해인가 했더니
벌써
선머슴아처럼 불쑥 나타나는
입춘대길

경자년 곰 벌써 입춘을 쓰다 혜정 박포란

첫다짐

새해 정월 초하루
떠오르는 붉은 해를 바라보며 새긴
첫다짐으로 일년을
살아간다면

새학년 새학기를 맞는 학생들
싱싱한 첫다짐으로 졸업까지 한결같이
걸어간다면

첫직장 첫문을 두드릴 때
부푼 다짐으로 땀 흘리며
살아간다면

사랑하는 연인들의 첫만남
첫다짐으로
오롯한 설레임 속에
너의 별 나의 별을 바라보며
애써 서로의 상처를
감싸주며 기쁜 마음으로
살아간다면

영세를 받던 날 새로운 이름으로
다시 태어나는 첫 마음으로
영혼의 평화와 베품을 다짐하며 일생을
살아간다면

세상은 밝고 맑은 꽃길들이 펼쳐지고
골골마다 웃음소리 그윽하지
않으랴.

새해 정월 초하루
떠오르는 검붉은 해를
바라보며 새긴
첫 다짐으로
일 년을 살아간다면

골골마다
웃음소리
그윽하지 않으리

이천이십이년 정월 첫 다짐
일구볼 쓰다 혜진 박조란

감사

오늘 아침도 나에게 안부를 물어오는
친구가 있어 얼마나
감사한지

팍팍한 세상살이 나를 기억해주는
한 사람이라도 있다는 게
얼마나 가슴 떨리고 더더욱
감사한지

때로는 카톡이 누군가에게
공해가 될 수도 있겠지만
황혼역 늙마들에겐 숫제
외로움을 즐거움으로
둔갑시키는 귀한 묘약이
아닐까

오늘도 내가 아는 분들께 카톡을 보내고
감사를 전하고 싶다.

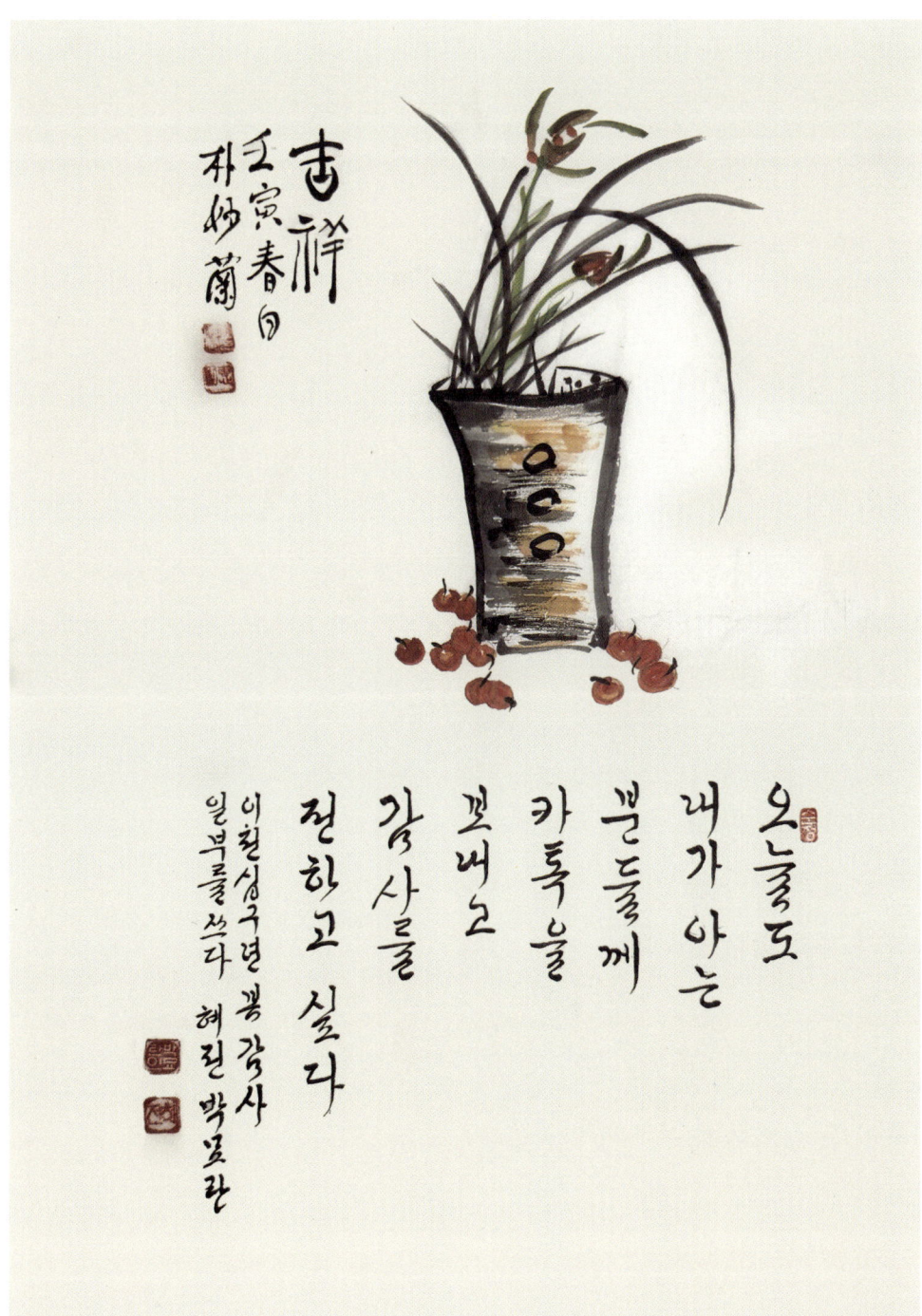

吉祥
壬寅春日
朴妙蘭

오늘도
내가 아는
분들께
카톡을
꼭 써고
감사를
전하고 싶다
이현성구년 꽃 감사
일꼭들쓰다 혜린 박옥란

서기 2024년 멍든 대한민국

반토막 난
대한민국

아픔이 아픔을 아파한다
태양이 빛날수록 아픔은 더욱
무거워진다

민들레 찢어진 미소
발길에 신음하는 쇠뜨기의
분노

접시꽃 홀로 피어 눈물짓고
숨죽여 가슴 앓는 들국화
한숨소리

지축이 온통 아픔에 부대껴 아픔을
아파한다.

반도막 난
대한민국
지축이
온통
아픔에
부대껴
아픔을
아파
한다

서기이천이십사년 사월
병든 대한민국 일부를 쓰다
혜전 박모란

한 해 노래

봄이요
새봄 하나 사이소

매화가 제일 먼저 깨어나
새봄에 청향(淸香)을 뿌리고는
달아나고

매아미들은 한바탕 사랑놀음 법석을 떨고는
숨어버렸다

국화들은 뒤늦게 지혼자
고고한 척 나타나 짙은 향을 묻혀 놓고

어라 저 솔들 좀
보소
서둘러 된서리 불러모아
육신을 담금질하는데

새벽녘 찬바람에 벌거벗은
나무들 묵상에 잠긴채 겨울잠에
빠진다

꿈이오
새벽 하나 사이오
매화가 제일 먼저
깨어나 새벽에
청향을 뿌리고는
달아 나고
새벽녘 찬바람에
벌거벗은 나무들
묵상에 잠긴채
겨울잠에 빠진다
이철성구년 겨울 한해 노래 일곱굴을쓰다
혜진 박조현

통영 앞바다 둘레길을 걸으며

저 멀리 올망졸망
키재기 바쁜 아스라한 섬들
봉긋봉긋 묏부리들 물안개 속에
정다히 손짓하네

산뜻한 여객선은
하얗게 물살을 가르며 헤어가고
비릿한 갯파람과 건건 짭짤
해초내음 콧잔등을 적신다

간만의 나들이 길
세모녀 발걸음도 가볍게
가는 곳마다 추억담기 바쁘고

깔깔대는 웃음소리 또 하나
행복의 꽃
통영 앞바다 맑은 물에
점점이 아롱지네.

2020. 가을(딸 둘과 남녘 여행)

통영 앞바다 둘레길을 걸으며

세 모녀
발걸음도
가볍게
깔 깔 깔
웃음소리
또 하나의
행복 꽃

통영 앞바다
맑은 물에
질질이 아롱지네

이천이십년 가을 통영앞바다
둘레길을 걸으며 일부를 쓰다
혜전 박 못 란

제6편
팔 순 해

비움

채우고 채우고
붙들고 붙들고
욕망의 그늘 속에
풋풋한 젊음은 가고
굵게 패인 주름살만

인생은 흘러 가는 게 아니라
만들어 가는 과정 속에
어느덧
팔순 고개 오르니
요렇게 편한 걸

비우고 보내고
버리고 치우고

깃털처럼
살아갈 일만 남았네.

오로지
감사와 사랑만 남기고

오로지 감사와
사랑만 남기고

비우고 또 비우고
버리고 치우고

깃털처럼 가볍게
살아 갈 일만
남았네

이천십구년 가을 비우길 바들 쓰다
혜진 박효란

독락(獨樂)

둘이 나란히 앉아서 영화를 본다

나는 내 것을 보고
너는 너 것을 본다

둘이 같이 살아도
나는 내 것을 살고
너는 너 것을 산다

죽음도 나는 내 것과 떠나고
너는 너 것과 떠난다

태양은 혼자라서 만고에 빛난다
하느님도 그렇다

혼자서
그림자와 같이 논다
다툼도 없고
언제나 즐겁다

태양도 혼자라서
만고에 빛난다
하느님도 그렇다
혼자서
그림자와 같이 논다
다툼도 없고
언제나 즐겁다

이천이십삼년 봄 독락 일부를 쓰다
혜전 박모란

팔순해

된서리 내린 머리
설킨 주름 골이 깊어

밤물 들여 분칠해도
거울 속은 가신 웃음

아!
묵주알 몸부림치는
팔순의 인연 고리

팔순해

된서리 내린 어외
실킨 주름 골이 길어
밤물을 들여 꾸 칠해도

거울 속은 가신 웃음
아!
묵주 알 굴 굴 림 치는
팔순의 인연 고리!

이천이십년 가을 혜진 박보린

그리움

아스라한 수평선
저 너머 살고 있는
나약한 그리움 하나가

맨발로 달려와
동해 밤바다
짓궂은 파도에
부대끼다

비명을 지르며
자맥질한다

그리움

아스라한 수평선
저 너머에 살고 있는
나약한 그리움 하나가

맨발로 걸려와
동해 밤바다
짓궂은 파도에

꾸덕끼가
비명을 지르며
자맥질 한다

이천십구년 여름 해진 박모란

나 하나 판타지

나 하나 줍는다고 달라지나
나 하나 버린다고 달라지나
나 하나 판타지는
끝 없는 변주곡

나 하나 너 하나
주우면
맑아지는 우리세상

나 하나 신경쓴다고
세상이 달라지나
나하나 외면한다고
세상이 달라지나

나 하나 너 하나 손에 손
잡으면
밝고 평화로운 우리 세상!

나 하나의 판타지

나 하나 줍는다고 달라지나
나 하나 버린다고 달라지나

나 하나 판타지는
끝없는 변주곡

나 하나 너 하나 구부면
맑아지는 우리 세상!

나 하나 신경쓴다고
세상이 달라지나
나 하나 외면한다고
세상이 달라지나
나 하나 너 하나
손에 손잡으면
밝고 평화로운 우리 세상!

2021. 여름 혜전 박모란

어느 황혼의 뒷골목

낡고 헤진 손수레
산더미로 켜켜이 쌓인
폐휴지 상자
너덜너덜 칭얼대는
비닐봉지들

당기고 조이고 훌쳐 매고

가랑잎 팔순 노구
다부진 눈동자 속조차
한숨소리에 비틀비틀

길바닥에 질펀한 바퀴들의
아우성
황혼 속 뒷골목 짓눌리는
삶의 무게여.

길 바닥에
질 펀한
바퀴들의
아우성
황혼 속
뒷 골 목
짓눌리는
삶의 무게여!
이천이십이년 여름에 는 황혼의
뒷골목 일꾸를쓰다 혜전 박꽃란

황혼 이사

된서리 내려 앉은 팔순 줄에
이삿날을 받고보니
첫살림하는 새색시처럼
설레고 허둥댄다

버리고 또 버리고
구석구석 정든 것이라
또 노욕이 발동하여
들었다 놓았다 자식들
성화에 버릴 것 딱지가
태반이 넘는구나

그러나마 아침에 창을 열면
부리나케 달려오는 햇살이랑
뒷베란다 문틈으로
용하게 기어드는 뒷산 텃새
맑은 소릴랑은 기어
데리고 가야제

가는 곳 이웃은 자식 손주
사랑이 넘치는 곳

이제는 석양 비낀 언덕배기
소리없이 흩날리는

산새들 깃털처럼
가볍게 살아가야제

아
한바탕 버리고 털고나니
홀가분해서 참 좋다

달포 넘은 황혼이사
드디어 끝을 내고 한껏
기지개를 켜는데

해질녘 미루나무 그림자처럼
긴 아쉬움 남기고 하늘로 가버린
나의 반쪽이

어느새 도배지 풀냄새따라
벙긋이 웃으며 어깨를 두드린다.

달도 넘은 황혼 이사
드디어 끝을 내고
실컷
기지개를 켜는데
하늘로 가버린
나의 반쪽이
어느새 도배지
를 넘새 따라
빙긋이 웃으며
어깨를 두드린다

이천이십일년 봄 황혼이사
일부를 쓰다 혜원 박목련

울 할무이 말뽄새

할무이!
어제 해거름에 왔다 간
그 아저씬 누군교?

응
우리집 뒷담부랑 밖에 사는
그 멀대같은 할바시 아들네미
머시기 아이가

할무이!
그라모 이 봄나물 무치는데
양념은 뭐뭐 넣능교?

어 그 봄나물
이 할미가 억시기
좋아하는 나무새네

그러니께 거시기
그 조곤조곤 다진 마늘캉
그 꼬솜한 지름(기름)하고
지렁장(집간장) 쪼매이 넣고

그라고이 그 꼬솜한 거시기
가루(깨소금) 솔솔 뿌려
조물조물 무쳐 묵으면
기차게 맛있는 기라

울 할무이 말뽄새
봄기운처럼 따숩고
풋풋하다.

옳 할 므이
말 뻘 새

옳 할므이
말 뻘 해
꼭기운 최렴
따숩고
쭛쭛 하라

이천이섭년 봄을 할므이 말 뻘 새
일므를 쓰가 혜진 박므완

별난 합주곡

폭염 속
선공(蟬公)들 합주
공원을 짓누른다

아마도
산등성이 눌러 앉은
꽃구름이 지휘잔가

그 어느 인간들 악기도
따라 시늉 못하는
핫핫한 가락

긴긴 어둠 속
영어(囹圄)의 쓰라림을
활짝 핀 기쁨으로
긁어대는 즉흥곡인가

염하(炎下)의 잎새들 소리
더욱 푸르 짙으리.

별난 합주곡

폭염 속
매아미들 합폭
공원을 짓누른다
테너로 바리톤으로
아마도
산둥성이
눌러앉은
꽃구름이
지휘잔가!

이천이십일년 여름 별난 합주곡
일곱글을 쓰다 혜진 박꽃란

**사랑
감사
소망**

저자가 만든 글체

아직

자드락길 아침 산책길에
풀꽃들과 아직도 눈인사를
나눌 수 있고

베에토벤 쏘나타
슈벨트 세레나데
아직도 들을 수 있는
귀가 열려 있고

다(茶) 한잔의 여유로
아직도
읽고 쓰고 짓고 그리고
묵향 속에 붓놀림 할 수 있으니

정거장 없는 인생열차
'아직' 호를 타고
달리는 팔순의 영혼

아직도
맞닿을 피안으로 달려만
가는가.

차(茶) 한 잔의 여유로
아직도
읽고 쓰고 짓고 그리고
국향 속에
붓놀림
할 수 있으니
정거장 없는
인생 열차
아직 호를 타고 달리는
필순의 영혼

이힘이 십일년 가을 아직
일구를 쓰다 혜전 박옥란

바느질

반짇고리 속 골무는
손때 묻어 반질반질

아이들 때때옷에
정(情)을 쏟고

한땀한땀 밤도와 기워가는
어무이 손길

내리사랑
치사랑
헤진사랑

바느질 한숨소리에
천근세월 강물처럼.

바느질고리 속 골무는
슬 때 골아 반질반질
아이들 때때옷에
정(情)을 쓸고
한 땀 한 땀 밤독와 기워 가는
내리사랑 치사랑 헤진 사랑
바느질 한숨소리에
철 그 세월
강물처럼

이환이섬이던 겨울
혜전 박목란

노을

서산 마루
노을의 꼬리를 잡고
산모롱이에 닿았다

저 멀리 수평선 너머
하늘빛이 곱구나

새소리 물소리
정다이 속삭이고
상긋한 풀내음이
코끝을 간지런다

아늑하다
엄마의 품처럼

피뜩
쌍무지개 뜨고
고운님 환한 모습
떠오른다

해야 솟아라
또 다시 솟아라.

고운 님
환한 모습
떠오른다

해야 솟아라
또 다시
솟아라

이천십구년 늦가을 일흔물을 쓰다
혜림 박모란

조락(凋落)

가신 님 무덤 가
양지바른 비알섶

은발의 갈대
온몸 풀어 헤쳐
나부대니

차마
낮달조차
시리다.

조락 (凋落)

가신 님 무덤가
양지바른 비알 실
은빛의 갈대
온몸 풀어 헤쳐
나부끼니
차마
낮달조차 시리다

이천 십칠년 가을
혜진 박모란

친구 같이 걷기

친구야 친구야 들매끈 동여매고 숲으로 가세
새소리 풀벌레소리 물소리 바람소리
지천에 널려 있는 풀꽃들의 웃음소리
우리들을 환영하 듯 반기누나

금요마다 만나도
와 그래 반갑노
남친 여친 구분않고 악수하고 포옹하고
파란하늘 흰구름 머리에 이고 발걸음도 가볍게
과천대공원 쉼터

배낭 속 쏟아내는 군침도는 간식거리
떡 빵 과자 과일 삶은 계란 술안주꺼리
소주 탁글리 맥주
잔치 잔치 열렸네

500회를 향해 건강을 위하여
늙마들의 우렁찬 부라보!
부어라 마셔라

들고양이 길고양이 살금살금 모여들고
경상도 할매 할배 구수한
이바구 저바구 떼바구 소리에
낮달도 내려와 빙긋빙긋
웃음이 넘치는 곳

세상에 요런 행복 어디 있으랴

꿀맛같은 간식시간 뒤로 하고
A팀 B팀 C팀 무리지어 활보
상큼한 풀냄새 향긋한 꽃내음 묻어나는
장미원 호숫가
시원한 호숫바람이 반기 듯
마중나오고
팔순 할배 할매들의 정겨운 무대

동요도 가곡도 한 옥타브 낮지만
까까머리 단발머리 그 때 그 시절
추억의 콧노래에
멧새들도 유영하는 오리떼도
덩달아 방실방실

친구야
네가 있어 젊음이 절로절로
금쪽같은 이 순간
세상만사 다 잊고 한 폭의 그림처럼
살아가세나.

친구야 친구야
들메끈 동여매고
숲으로 가자
친구야
내가 있어
젊음이 절로절로
금쪽같은 이 순간
세상만사 다 잊고
한폭의 그림처럼
살아가세

이천이십년 가을 친구같이걷기 일곱틀을쓰다
혜정 박모란

〈남편 수채화 풍경 중에서〉

제7편 삼 행 시

소나기

소리 소리 우당탕
작달비에 놀란 가슴

나무들도
허겁지겁 설겆이를
서두는데

기죽지 말라
울 엄마소리
불쑥 사무쳐!

소나기

소리 스리 우당탕
작달비에 늘어진 가슴

나무도 허겁지겁
설거지를
서두는데

기죽지 말라
울 엄마 소리
불쑥 사무쳐

이천이십이년 여름
혜진 박꽃란

여객선

여행은
인생항로 오아시스

객실마다 나부끼는
부푼 꿈들

선창가
고단한 불빛
득달같이 새롭아

여객선

여행은 인생항로
오아시스

객실마다 나부끼는
꼭 꿈들

선창가 고단한 불빛
독같이 서툴러

이천십구년 가을 혜전 박모란

수선화

수줍은 꽃잎파리
샛노란 미소짓네

선들바람 잎새들
푸른 길손 손짓하고

화창한 봄빛 속
그리움에 지친 꽃잎.

수선화

수줍은 꽃잎 피워
샛노란 미소짓네

산들바람 잎새들
푸른 길손 손짓하고

화창한 꽃빛 속
그리움에 지친 꽃잎

이천이십년 봄 혜진 박복란

제8편
단시 (短詩)

부모
높고 깊은 부모님 은혜
알 때쯤 세상에 없는 분

부부
미운정 고운정
그림자는 하나

노스승
젊은 제자 만나 뵙자는
전화에 얼굴이 볼카
알고보니 결혼주례 부탁

카톡
오늘도 살아있다는
시그널!

노안
안경을 끼고 신문을
보는데 글자가 희미해

어! 갑자기 눈이 나빠졌나
저만치
돋보기 안경이 하하호호.

그러니까
없으니 아쉽고
안 보이니 그립다
그러니까
너가 좋아.

〈부모〉
높고 깊은
부모님 은혜
알때쯤
세상에 없는
분.

〈부부〉
미운정
고운정
그립자는
하나.

〈카톡〉
오늘도
살아있다는
시그널.

〈노스승〉
젊은 제자
만나뵙자는 전화에
얼굴이 볼까
알고보니
결혼 주례
부탁.

〈노안〉
안경을 끼고 신문을
보는데 글자가 희미해
어, 갑자기 내 눈이
나빠졌나?
저만치 돋보기 안경이
하하 호호.

〈그러니〉
없으니 아쉽고
안보이니 그립다
그러니까
너가 좋아.

단시(건망증)

부엌에서 베란다로
앗! 돌아설 제
빨랫줄 행주가
깔깔깔!

따리링 헨드폰 울림
냉장고 안이 왕왕왕!

카드분실 신고 후
세탁기에서 나왔네 헐!

친구모임 후
전철에 도착
교통카드 찾으니
베낭이 없네

조의금 대납 부탁한
친구 며칠 후 그런적
없다 우기네.

노부부 한집에서
영감 : 나 시원한 물 한잔
할멈 : 냉장고 앞으로 가 문을 열고
　　　　여보 뭘 달라고
영감 : 배고프니 밥 달라고

부엌에서
베란다로
앗! 왜 왔지
빨랫줄 행주가
깔깔깔!

띠리링
핸드폰 울림
냉장고 옆이
왕왕왕!

신용카드
분실 신고 후
세탁기에서
나왔네 헐!

친구모임
걷기 후 전철에
도착 교통카드 찾으니
배낭이 없네!

노부부가
한집에서
영감 : 여보! 시원한 물 한잔
마누라 : 냉장고 앞으로 가
문을 열고
여보! 뭐 달라고?
영감 : 배고프다고
밥 달라고—코

조의금 대납
부탁한 친구
며칠 후 그런적
없다 우기네!

제9편
수 필

탐매일기(探梅日記)
- 매화(梅花)를 찾아서 -

　매화는 사군자(四君子) 중 하나로 문인화가(文人畫家)들이 특히 즐겨 그린다. 이른 봄 매화철이 되면 남녘의 전남 광양이나 하동의 매화축제를 찾아가려고 오래 전부터 마음먹고 있었지만 차일피일 그만 가지를 못했다. 올해도 코로나 괴질로 발이 묶여버려 가지 못해 안타까웠는데, 마침 4월 2일쯤 딸아이가 서울의 매화명소를 검색하다가 창덕궁의 홍매화가 피었다기에 부랴부랴 달려 갔다.

　창덕궁 홍매화는 후궁 입구 휘정당 앞 고목이 된 두 그루 홍매가 유명하다는데 며칠 사이에 그만 기력을 잃은 듯 많이 이울고 있었다. 서운하여 관리인에게 물었더니 낙선재 가는 길목에 매화 한 그루가 또 있긴하지만 이미 꽃이 진 상태라고 했다. 하는 수 없이 아쉬움을 안고 온 김에 창덕궁 경내를 둘러보기 위해 낙선재로 향했다. 코로나 괴질 여파로 유서깊은 조선조 고궁이 거의 비어있었다.

　낙선재(樂善齋) 풍광은 처마와 단층 그리고 주변에 피어난 노란 산수유와 개나리, 진달래, 복사꽃 등이 만발하여 넓은 초록빛 잔디밭과 함께 어우러져 울긋불긋 한폭의 그림같았다. 그 날따라 꽃샘바람이 불어 제법 춥기는 했지만, 눈앞에 펼쳐진 고궁의 봄빛은 발길을 끌기에 부족함이 없었다.

　망국의 설음을 간직한 조선조 역사의 뒤안길을 더듬으며 울적한 마음으로 낙선재(樂善齋)를 둘러보았다.

낙선재는 대한제국 마지막 황태자인 이은(李垠) 영친왕의 이방자(李方子) 황태자비가 말년에 기거하던 곳이며, 또한 마지막 황손인 영친왕의 외아들 이구 황손의 장례식이 거행된 곳이기도 하다. 황손 이구의 전처 줄리아 여사가 외로이 귀금속소품공작에 심취하던 곳도 둘러본 후 창경궁으로 향했다.

창경궁 입구 뜨락에 봄꽃들 사이에 한 그루 홍매화가 '만첩매'라는 이름을 달고 노란 꽃술을 내밀고 진홍색으로 겹겹이 피어 있었다. '만첩매(萬疊梅)'란 꽃잎이 겹겹이 핀 매화를 이르는 말이다. 어찌나 반갑던지 즐겁게 둘러보고 카메라에 담았다.

만첩홍매 양쪽 옆에 두 그루의 청매화(靑梅花)가 꽃송이들 사이로 초록빛 꽃받침을 단 올망졸망한 꽃봉오리들을 데리고 몇 안되는 탐방객들을 흔쾌히 맞아주었다. 나는 청매화가 피어있다는 눈앞의 사실에 무척 감격스럽기까지 했다. 비록 창덕궁 홍매화는 볼 수 없었지만, 창경궁에서 만첩홍매와 청매화를 만나는 큰 소득을 안고 창경궁 밖으로 나왔다. 창덕궁의 만첩홍매가 피면 완연한 서울의 봄을 의미하며, 3월 말에서 4월 초까지 약 일주일 동안 화사한 핑크빛으로 피었다가 신기루처럼 사라지는 것이 창덕궁의 만첩홍매라 한다. 창덕궁은 자연과의 조화를 중시한 설계로 지어졌으며 고궁 중에서도 원형이 가장 잘 보존되어 있다고 한다.

서기 1592년 임진왜란이 일어나기 전 창덕궁에는 만첩홍매보다 더 멋있는 '와룡매(臥龍梅)'가 있었는데, 누운 용의 모습으로 옆으로 자라는 귀한 매화였다. 그런데 왜란이 일어나 우리 대궐을 점령한 왜군 장수 〈다테 마사무네〉[이달정종(伊達政宗)]라는 자가 그만 그 와룡매를 뿌리채 캐어 자기 나라 왜국으로 가져갔는데, 먼 훗날 안중근 의사가 중국 여순감옥에 있을 때 알게 된 일본 교도관이 이곳에 있던 와룡매 뿌리에서 자라난 가지 한포기를 채취해 우리나라에 보내와, 지금 남산 안중근 의사기념관 부근에 심었다고 한다.

그 외 서울시내 청계천 가에는 몇 년 전에 하동매화를 가져와 심어서 하동매 거리가 조성되어 있고, 강남의 봉은사 절에도 홍매가 있어 창경궁보다 일주일쯤 일찍 핀다고 한다.

매화(梅花)가 우리나라에 들어온 시기는 대략 삼국시대로 추정하며, 전국적으로 가장 오래된 매화는 전남 순천의 선암사에 있는 매화라고 한다.

매화는 이른 봄 2월 말부터 3월 초에 남쪽지방부터 피기 시작하며 그 열매인 매실(梅實)을 얻기 위해서는 주로 백매화를 심었던 것이다.

옛 선비들은 문방사우인 매란국죽(梅蘭菊竹) 사군자(四君子)를 즐겨 기르며 그 고결한 기상을 문인화로 그리기도 했다.

조선중기의 문인이자 정치가인 상촌(象村) 신흠(申欽)이 지은 7언절구 한시에 매화를 읊은 구절이 있다. "梅一生寒不賣香(매일생한불매향) 매화는 일생을 추위에 떨어도 향기를 팔지 않는다"는 뜻이다.

퇴계는 이 구절을 즐겨 쓰며 평생의 좌우명으로 삼았다. 또한 그의 마지막 임종시에도, 평소 애지중지 기르던 백매화분(白梅花盆)을 가리키며 "저 매화에 물을 주어라"라는 유언을 남겼다고 한다. 퇴계는 매화詩 90수를 지어 생전에 매화시첩(梅花詩帖)을 만들기도 했고 매화를 매군(梅君) 또는 매선(梅仙)으로 부르며 존중했고 매화를 인격체로 대접했다.

매화는 꽃이 피는 시기와 기상 그리고 형태에 따라 구분하기도 한다. 일찍 피면 조매(早梅), 엄동에 핀다고 동매(冬梅), 눈속에서 피면 설중매(雪中梅), 밝은 달밤에 보면 월매(月梅), 또한 옥같이 곱다고 옥매(玉梅)라고 한다. 또한 매화를 색깔에 따라 구분하기도 한다.

백매화(白梅花)는 꽃잎이 흰데 꽃받침이 붉은 색이라, 멀리서 보면 분홍빛이 돈다. 홍매화(紅梅花)는 붉은색으로 수술은 노란색이다.

꽃잎이 겹겹으로 피면 만첩홍매라 하고, 아주 색깔이 진해 검붉은 빛이면 흑매(黑梅)라 하며, 색깔이 연하면 분홍매라고도 한다. 청매화(靑梅花)는 꽃잎은 흰색이나 꽃받침이 녹색으로 꽃잎이 약간 푸르스름하게 보인다. 백매화의 꽃말은 결백, 미덕, 고결한 마음이고, 홍매화의 꽃말은 고결, 결백, 충실, 인내이며, 청매화의 꽃말은 특히 향기가 짙어 청아, 고결함이라고 한다. 모든 꽃은 날씨가 따뜻해지면 꽃을 피우는데, 매화는 잔설이 남아 있는 추위에도 꽃을 피우고, 새봄을 깨우며 암향(暗香), 청향(淸香)을 풍긴다. 매화는 사군자 외에도 송(松), 죽(竹)과 더불어 세한삼우(歲寒三友)에 들기도 한다. 끝으로 우리나라의 유명한 매화를 열거해본다.

● 고불매(古佛梅)

　우리나라 4대 매화 중 하나로 전남 장성군 백양사의 〈고불매〉는 우화루 오른편에 있다. 수령이 약 350년, 나무높이 5.3m로 2007년 천연기념물 486호로 지정되었다. 매년 3월 말경에 연분홍색 꽃을 피우는 홍매화로 원래는 대웅전 앞뜰에 있던 것을 1863년 현재의 위치로 옮겨 심었다.
　'고불매'라는 이름의 유래는 "부처님 본래의 가르침을 기리자는 뜻"으로 서기 1947년 백양사(白羊寺) 고불총림(古佛叢林) 결성시에 이 매화나무를 〈고불매(古佛梅)〉라는 새로운 이름으로 불렀다.

● 정당매(政堂梅)

　경남 산청군 단성면 운리의 지리산자락에 있는 '단속사(斷俗寺)' 절터에 있는 수령 630여 년의 우리나라의 오래된 매화의 하나로, 서기 2014년에 고사하였다. 그러나 대구수목원에서 지난 2001년에 '정당매(政堂梅)'에서 접수(接穗/접붙이는 가지)를 채취해 2003년 이곳에 심어 '정당매'의 품종을 보존하고 있다. 〈정당매(政堂梅)〉의 유래는, 소년시절에 단속사에서 공부하던 중에 매화를 심은 고려말 문신인 강회백(姜淮伯)이 벼슬이 정당문학(政堂文學) 겸 대사헌(大司憲)에 이르러, 그의 후손들이 이 매화를 '정당매(政堂梅)'라고 불렀다.

● 남명매(南冥梅)

　16세기 조선전기 남명 조식(南冥 曺植)이 경남 산청군 지리산 자락에 세운 〈산천재〉정원에 있는 매화로, 수령이 460여년, 높이 8m의 매화나무이다.
　남명 조식은 퇴계 이황(李滉)과 더불어 매화 애호가로 유명하다. 평생 벼슬과 담을 쌓았던 조식이 61세 되던 서기 1561년에 학문을 연구하고 후학을 양성하기 위해 지리산 자락에 〈산천재〉를 세울 때, 선비의 지조를 상징하는 매화 한그루를 심었는데 이 나무가 바로 〈남명매〉이다.
　현재 수목원에 있는 매화는 서기 2007년 남명매의 접수를 채취하여 재배한 2세 매화이다.

● 납월설중매(臘月雪中梅)

　수령은 몇 십년 밖에 되지 않으나 거제도 구조라초등학교(분교)에 있는 백매(白梅)에 이어 가장 빨리 피는 매화의 하나이다. 전남 순천시 금둔사 홍매화는 별칭이 '납월매(臘月梅)'인데 납월(臘月)은 음력 섣달을 말한다. 엄동설한을 겪고 일찍 피는 매화라는 뜻이다. 〈납월매〉는 본래 낙안읍성에 있던 매화가 고사하게 되자, 2006년 납월매의 접수(接穗)를 채취하여 재배한 2세 매화가 자라고 있다.

● 도산매(陶山梅)

　경북 안동시 도산서원은 16C 퇴계 이황(李滉)의 혼이 깃든 곳으로 이곳에 도산매(陶山梅)가 있다. 퇴계는 도산서당을 짓고 몽천(蒙泉)샘 위 산기슭을 깎아 암루헌(巖樓軒)과 마주 보도록 단을 쌓은 다음 송(松), 죽(竹), 연(蓮)과 함께 100그루의 매화를 심어 절우단(節友壇)을 만들고, 정우당(淨友堂)을 지었는데 그 가운데 매화를 가장 사랑하여 매화가 필 때면 매화단지를 맴돌며 완상했다. 서기 2007년 도산매의 접수를 채취해 재배한 2세 매화가 여러 곳에 자라고 있다.

● 병산서원 백매(白梅)

　서애 유성룡(柳成龍)을 배향한 경북 안동시 〈병산서원〉에 있는 매화다. 병산서원을 정면으로 보고 왼쪽에 있으며, 오른쪽에는 홍매(紅梅)가 자란다. 우리나라 토종매로 아담하고 소박하나 그 향이 짙고 한국적인 운치가 있는 매화다.

● 비매(緋梅)

　진홍색의 꽃이 매혹적이며 매우 진한 향을 지닌 관상가치가 높은 매화이다. 2008년 비매의 접수를 채취하여 재배한 2세목이 널리 자란다.

● 운룡매(雲龍梅)

　구름 속을 나는 용의 모습을 닮아 '운룡매'라는 멋진 이름이 붙은 특별한 매화다. 스스로 꿈틀거리 듯 자라며 청초 화사한 백색꽃과 그윽한 향기가 일품으로, 매화 애호가들로부터 많은 사랑을 받고 있다.

● 율곡매(栗谷梅)

　율곡매는 강릉 오죽헌 별당채인 몽룡실(夢龍室) 텃쪽 모서리에 있는 매화다. 높이 9m, 수령 약 600년의 홍매로 오죽헌이 들어설 당시인 1400년 경에 심었으며, 신사임당과 그 아들 율곡이 직접 가꾸었다고 한다.
　우리나라에서 가장 오래된 매화의 하나로 매실이 크기로 유명하다. 2007년에 천연기념물 제484호로 지정되었다. 최근엔 이 매화에 오색딱따구리가 둥지를 틀고 새끼를 키우는 기사가 나기도 했다.

● 인흥매(仁興梅)

　이 매화는 남평문씨의 세거지(世居地)에 있는 백매화이다.

● 통도사 자장매(慈臧梅)

　경남 양산시 통도사의 영각(影閣) 오른쪽 처마 밑에서 자라는 홍매화다. 임란 후 서기 1643년 우운대사(友雲大師)가 불타버린 역대 조사의 진영을 모실 영각을 낙성하자 홀연히 매화싹이 자라나 해마다 섣달에 연분홍색 꽃을 피웠다고 한다. 특히 혹한 때 향이 더욱 짙어져 불교 수행자의 구도 정신과 닮았고, 통도사를 창건한 자장율사(慈藏律師)의 정신을 나타낸다고 하여 〈자장매〉로 불린다.

● 홍천조매(紅千鳥梅)

　진한 붉은 색의 꽃이 잎보다 먼저 피고, 꽃이 커서 매화 애호가들로부터 많은 사랑을 받고 있는 매화다. 일본에서 개량된 품종으로 〈베니치도리, beni(紅) chidori(千鳥)〉라는 이름을 얻었다. 홍천조(紅千鳥)의 뜻은 2월, 3월에 꽃이 필 때, 멀리서 보면 수천 마리의 붉은 새가 가지에 내려앉은 것과 같이 보인다는 뜻이다.

● 화엄사 화엄매(華嚴梅)

　전남 구례군 화엄사 경내의 작은 암자인 길상암(吉祥庵) 앞 작은 연못 주변에 자라난 450여년이 된 매화다. 높이 9m로 속칭 들매(野梅)라 일컫는데, 이는 매실을 먹고 버린 씨앗이 싹이 터서 자란 것으로 짐작되기 때문. 2007년에 천연기념물 485호로 지정되었다.

이 매화는 꽃과 열매가 다른 개량종 매화보다 작고 듬성듬성 피지만, 단아한 기품과 꽃향기는 더욱 강한 것이 특징이며, 토종매 연구의 학술적 가치가 크다고 한다. 원래 네그루가 있었으나 세그루는 고사하고 지금은 한 그루가 남아 있다.

● **흑룡금매**

매화 품종 중 붉은 겹꽃을 지닌 만첩홍매로 그윽한 향이 일품이고 열매의 품질 또한 고급 품종이다.

● **대명매**

대명매는 전남대학교 대강당 앞에 자라고 있다. 높이 5.5m, 나이 약 400년의 홍매화로, 현재도 잘 다듬어져 건강하게 자라고 있다.

대명매의 유래는 전남대 고재천 학장의 11대 조상인 고부천(高傅川)이 44세때인 1621년 서장관(書狀官)으로 명나라 북경에 갔을 때, 명나라 희종황제로부터 홍매화를 하사받아 고향인 담양군 창평면 유촌리에 식재한 후 〈대명매(大明梅)〉라 이름짓고 재배한 매화이다. 서기 1961년에 전남대학교로 기증되었다.

● **선암매**

순천 선암사 경내에는 수령 350~650년 된 매화 50여 그루가 자라고 있다. 경내 원통전 각황전 담길을 따라 운수암으로 오르는 길에 주로 종정원(宗正院) 돌담길에 있는 이들 매화를 선암사 〈선암매〉라고 부른다. 가장 오래된 매화는 우리나라 최고령으로 수령 650여년, 높이 11m의 백매화다.

2007년에 천연기념물 제48호로 지정되었다.

〈이상 수목원 안내자료 참고〉

　접수(接穗) : 접을 붙이는 가지로 접지(接枝)라고도 함.
《참고》
● 납매(臘梅)는 섣달의 별칭인 납월(臘月)에 피는 매화로, 양력 1~2월에 황색으로 핀다. 중국이 원산지라 '당매(唐梅)'라고도 한다.
● 〈황매화〉라는 이름의 꽃은, 4~5월에 노란색으로 피는데 높이 2m 내외로 무더기로 핀다. 이는 이름에 매화 매(梅)자를 썼지만, 일반 매화와는 전혀 품종이 다른 것이다.

나라꽃 무궁화

무궁화 무궁화 우리나라꽃
삼천리 강산에 우리나라꽃!

피었네 피었네 우리나라꽃
삼천리 강산에 우리나라꽃!

《무궁화》
자유대한 우리나라의 꽃이다.

필자가 사는 아파트 뒷편 관악산 입구의 자드락길 50m 남짓한 길은 무궁화 꽃길이다. 7월 들어 하양 연보라빛 무궁화가 매일 상큼한 모습으로 우리를 반긴다. '무궁화(無窮花)'의 한자는 없을 무, 다할 궁, 꽃 화자로, '끝없이 이어서 피는 꽃'이란 뜻이다. 쌍떡잎 아욱과의 낙엽관목으로 꽃은 순백색, 연보라, 분홍색 등 여러 종류가 있으며 한국, 홍콩, 싱가포르 그리고 타이완 등에 분포돼 있다. 꽃피는 시기는 7월~9월이며 새벽에 피었다가 해질 무렵에 떨어지기를 반복한다. 무려 백일 이상을 날로 새롭게 피어나는 기상은 곧 우리 겨레의 은근과 끈기, 진취성을 닮은 꽃이다. 또한 무궁화는 은은한 향기를 지닌 순결한 꽃으로 우리 선인들의 전통적인 취향에 맞아 자연스럽게 〈나라꽃〉이 되었다.

무궁화에 관한 최초의 기록은 중국 춘추전국시대의 지리서인 산해경(山海經)이다. "군자지국유훈화초조생모사(君子之國有薰花草朝生暮死)" 즉 "군자의 나라에 〈훈화초〉가 있는데 아침에 피었다가 저녁에 진다"라는 기록으로 군자국(君子國)은 조선이며, 훈화초(薰花草)는 바로 〈무궁화〉를 일컫는 말이다. 그 후 중국에서 우리나라를 가리켜 무궁화가 많은 나라라 하여 〈근원(槿原)〉 또는 〈근역(槿域)〉이라 표현하기도 했다.

무궁화가 우리 민족에 연관된 역사적인 연원은 고조선시대부터로 반만년의 역사를 지니고 있다. 우리나라 상고시대 역사서인 단기고사(檀奇古事)에는 무궁화를 근수(槿樹), 환단고기(桓檀古記)에는 근화(槿花)로, 규원사화(揆園史話)에는 훈화(熏花)로 기록되어, 이미 고조선시대부터 무궁화가 있었음을 뒷받침하고 있다. 그리고 신라 때 최치원이 중국 당나라에 보내는 문서에 우리나라를 무궁화 나라인 〈근화향(槿花鄕)〉이라 기록했다.(민족대백과 참조)

이와같이 유구한 역사를 지닌 우리나라꽃인 무궁화를, 일제강점기에 일제는 우리민족 말살정책의 일환으로 무궁화를 학대했다.
"무궁화는 진디기가 많아 눈병, 피부병을 유발하는 아주 지저분한 꽃"이라는 허무맹랑한 낭설을 퍼뜨리며 무궁화를 마구 뽑아내어 불태웠다. 그러나 독립운동가 남궁억 선생은 체포, 구속 등 온갖 수난을 무릅쓰고 〈무궁화선양운동〉을 펼쳤으며 무궁화심기를 계속했다. 광복 후 대한민국 정부가 수립되자 입법, 행정, 사법 3부의 표상으로 《무궁화》가 사용되고, 국기봉도 무궁화꽃봉오리 형태로 제정되어 명실공히 나라의 꽃으로 자리잡았다. 그러나 아직도 국화(國花)로 법제정이 되지 않고 있다니 참으로 개탄스러운 노릇이다.

오늘날 우리나라꽃 무궁화에 대한 국민들의 관심은 과연 어떠한가?
해마다 전국 나무심기 중 무궁화는 겨우 5% 정도밖에 안 된다고 한다.
무궁화를 주제로 하는 행사도 지지부진하다. 산림청에서 매년 무궁화 절정인 8월 중 이틀간에 무궁화축제를 하지만 그나마 화분에 심은 것으로 〈무궁화 사랑〉 시늉만 내고 있다, 무궁화 주제 식물원으로는 전북 완주군, 세종시 독립기념관, 수원의 서울 옛구치소 등 극소수가 있으나 그것도 대부분 국민들이 있는 줄도 모르고 있다.
필자는 매주 과천에 있는 서울대공원에 친구들과 걷기모임에 참석하고 있다. 그 넓은 대공원터에 장미공원, 벚꽃길… 등등 온갖 꽃들이 넓고 좋은 자리를 차지하고는 온갖 자태를 뽐내고 있는데도, 정작 가장 좋은 자리에 있어야 할 우리의 나라꽃 무궁화는 선뜻 찾아보기 어렵다.

과천 대공원뿐만 아니라 근린공원 국립공원 등 《공원》이란 이름이 붙은 곳 어느 곳을 가보아도 《무궁화 동산》이나 《무궁화 꽃길》은 고사하고 무궁화 나무들조차 찾아보기 힘든 실정이다. 제 나라 국화(國花)는 아예 버려두면서도, 벚꽃(사꾸라/일본), 장미(영국), 튤립(네델란드) 등 다른 나라 국화(國花)는 대규모 식재(植栽)에 거창한 축제까지 벌이고 있는 판이니, 무어가 잘못되어도 한참 잘못된 게 아닌가!

필자는 오래전에 막내아들이 유학간 미국에 머문 일이 있었는데, 어느날 마을을 산책하다 보니, 국경일이나 무슨 기념일이 아닌 평일인데도 집집마다 큰 성조기(미국국기)를 거실 창문에 걸어 둔 걸 보고 깜짝 놀랐다.

내 나라 대한민국에는 국경일에도 국기를 게양하지 않는 집이 훨씬 많음을 생각하니 부끄럽기 한량없었다. 나라의 상징이자 표상인 국기(國旗), 국가(國歌), 국화(國花)는 바로 《태극기》《애국가》《무궁화》다. 이들 셋은 삼위일체(三位一體)이다. 그러므로 대한민국의 국적을 가진 모든 국민들은 이를 받들고 존중하고 사랑해야 할 의무가 있다. 그 어떤 사상이나 좌우가 따로 없다. 나라 잃은 설움이 어떠한가는, 우리의 민족적 비애(悲哀)인 일제강점기를 겪으면서 우리 현대사에 처절하게 기록되어 있다. 차제에 필자는 뜨거운 심정으로 《무궁화 사랑》을 외치고자 한다.

나라꽃 무궁화 사랑은 일시적 형식적인 행사에 그칠 것이 아니라, 아예 범국민적인 《나라꽃 – 무궁화 사랑운동》을 전개해야 할 것이다.

첫째, 먼저 청와대와 국가기관 그리고 각지방자치단체 등의 국기게양대 주변에 반드시 '무궁화 동산'을 조성한다.

둘째, 광화문광장 중심부에 거대한 국기게양대를 세우고, 주변에 무궁화 동산을 조성한다.

셋째, 초중고대학 등 모든 학교와 각종 공원 그리고 아파트 단지에 무궁화 동산을 만든다.

넷째, 전국 방방곡곡 마을마다 마을회관 주변에 무궁화 동산을 만든다.

다섯째, 매년 각 시도별 무궁화철인 8월에 《무궁화 대축제》를 벌인다.

그리하여 온 국민이 나라꽃 무궁화를 사랑하고 지켜나갈 수 있도록 무궁화 애호정신을 고취시켜야 할 것이다. 무궁화 사랑이 곧 대한민국 내나라의 사랑이기 때문이다.

유구한 역사를 지녀온 자유대한의 후손들이 삼천리 금수강산 무궁화 강토에서 태극기를 휘날리며 영원무궁토록 애국가를 힘차게 부를 수 있도록 충심(衷心)으로 기도를 하며.

우리 동요의 발자취를 더듬으며

동요(童謠)란 어린이들의 꿈과 의욕을 담고 있으면서 어린이들에 의해 불리는 어린이들의 노래이다. 동요는 전래동요와 창작동요로 나뉜다. 전래동요는 언제 누가 지었는지 알려지지 않은 채 전래되어온 전승동요(傳承童謠), 구전동요(口傳童謠)로 내용도 유희를 하면서 부르는 것이 대부분이다.
《전래동요》는 1920년대 이전까지 지켜오다가 개작(改作)이 되거나 소멸되기도 했으며, 현재까지 전래되는 동요는 다음과 같다. 《술래잡기》《자장가》《달아 달아 밝은 달아》《할미꽃》《파랑새》《두껍아 두껍아》《꼬마야 꼬마야》 등이 있다.

《창작동요》의 발자취를 보면, 1922년 방정환은 윤극영과 함께 〈색동회〉를 결성했다. 그 뒤 두 사람은 〈어린이날〉을 제정하고 잡지 〈어린이〉를 발간했다. 1924년 최초로 〈어린이 잡지〉 2월호에 《설날》(윤극영 작사 작곡) 《고드름》(윤극영 작곡 유기성 작사) 등이 실렸고, 1924년 11월호에 윤극영의 《반달》《귀뚜라미》, 그 이후 《제비남매》《고기잡이》《따오기》《어린이날 노래》 등이 발표되었다. 1925년에는 이원수의 《고향의 봄》, 박태준의 《오빠생각》《맴맴》《오뚜기》 등이 있고, 1927년에 홍난파가 펴낸 〈조선동요 100곡집〉에는 《고향의 봄》《낮에 나온 반달》《퐁당퐁당》이 실렸다. 이 시기를 〈창작동요〉의 개척시기라 한다.

1931년에서 1939년까지는 현제명 작곡 《가을》《고향생각》, 이흥렬의 《꽃동산》《나비나비 흰나비》를 비롯 수많은 동요가 창작되었다.
그리고 김동진, 강신명, 박태현 등은 평양에서, 이일래는 마산에서 권태호, 유기흥, 김성태, 원치승, 김성도 등은 서울에서 활발한 활동을 했다.
이 시기를 동요의 전성시대라 한다.

1940년 초부터 군국주의 일제(日帝) 총독부는 우리말 말살정책을 강행하여 우리동요는 금지되었고, 방송국에서 일본군가, 국민가요 따위만을 가르치도록 강압정책을 펴, 이 시기에 우리 동요는 단 한편도 발표되지 않았으니 이 시기를 우리 동요의 암흑시대라 할 수 있다.

그 후 1945년에 광복이 되었고 미군정을 거쳐 1948년 남한 단독정부가 수립되면서 문교부 편찬의 교과서에 《학교종》《우리나라꽃》 등이 실려 널리 보급되었다. 1950년에 발발한 한국전쟁(6.25전쟁) 때에는 전시동요가 발표되어 승전 의욕을 고취하는 수단으로 활용되기도 했으니, 《공군아저씨》《위문편지》《우리의 소원》 등이 그것이다.

1950년 9월 28일 서울수복 후에는 김대현, 손대업(자장가, 새신, 얼룩송아지), 한용회, 이계석 등이 동요 작곡에 힘썼다. 이 무렵 국정음악교과서가 개편되고 KBS 중앙방송국이 《밝은노래 고운 노래》(어린이에게)라는 캠페인을 벌인 결과 상당수 새동요가 방송을 통해 보급되었다. 《파란마음 하얀마음》(어효선작사 한용희 작곡) 등

1960년~1980년대에는 동요합창의 수준도 세계적이라 할만큼 향상 되었다. 1950년 안병원 지휘 《한국어린이 합창단》의 미국 순회연주, 1962년부터 《선명회 어린이합창단》이 연례적으로 세계 여러나라로 순회공연을 했다. 1920년~2000년대 이르는 동안 우리 동요의 세계는 괄목할만큼 발전을 거듭했다. 이상 우리동요가 걸어 온 80년 역사를 간추려 적어보았다.
〈참고문헌: 한국민족대백과, 한국동요음악사〉

다음은 음악교육에 얽힌 필자의 체험을 더듬어본다.
1939년생인 필자가 어릴 때 집안에는 음악전공자는 없었고, 아버지가 서울로 유학하여 중동고보(高普)에 다닐 때 취미로 바이올린을 켰고, 큰오빠가 음악을 좋아해서 유성기(옛날 전축)로 동요, 가곡, 클래식 등을 자주 들려주어 익힐 기회가 많았다.

국민학교시절은 선생님의 풍금소리따라 동요를 불렀는데, 4학년 때 6.25 전쟁이 나서 학교건물을 피난민들이 차지하여 얼마 동안 산으로, 들로, 바닷가 또는 공장 빈창고로 떠돌이 수업을 다니면서 육성으로 동요를 부르곤 했다. 배운 게 동요뿐이라 운동회, 소풍, 학예회 등등 동요를 부를 기회가 많았다. 경남여중 시절은 금수현 교장(그네 작가), 오현명 음악선생(바리톤 성악가, 국립오페라단장)을 만나 처음으로 음악실에서 피아노 반주로 음악 수업을 받았다. 이 무렵 어린 소녀의 감성으로 총각 음악선생님의 아름다운 피아노 선율에 매료되어 언젠가는 나도 꼭 피아노를 배우리라 꿈을 가지기도 했다. 그 후 부산사범시절에는 풍금이 필수이므로 방과 후 학교에서 풍금연습을 했는데, 개 중에는 개인레슨 피아노를 배워 강당행사 때 피아노반주를 하는 친구도 있었다. 필자는 다행히 삼촌댁 풍금으로 틈틈이 익힌 결과 교직생활에 큰 불편은 없었다.

일선 초등학교 교사시절에는, 한 학교에 풍금이 한 대씩 비치되어 음악시간에는 덩치 큰 애들이 풍금을 운반해 음악수업을 했으며, 타악기도 비치되어 노래를 부르며 기악합주를 하기도 했다.
  그때 여교사는 주로 저학년, 남교사는 고학년 담임을 맡았는데, 고학년 남교사들 중에는 풍금을 못하는 교사들이 많아, 필자는 저학년 수업을 마친 후 고학년 음악시간에 가르치기도 했다.
  고학년 동요 중에 아름다운 곡들이 많아 합창, 독창, 기악 등 다양하게 수업을 전개하다보면 피곤한 줄도 모르고 빠져들기도 했다.
  필자는 풍금을 비교적 잘 다루어 교직생활 중 음악담당교사로 활동하기도 했다. 당시에는 매년 각 시도별 음악경연대회가 있어 합창, 독창지도를 하곤 했는데, 63년도에 남선생 한 분과 같이 합창과 독창지도를 하여 부산시에서 최우수상을 받기도 했다. 그때 합창과 독창 2명(6학년 1명, 1학년 1명)은 중앙방송국인 KBS에 초청되어 방송국홀에서 노래를 부른 다음 이어서 청와대에 초청되어 갔다. 당시 육영수 여사(박정희대통령 영부인)는 특별히 어린이들에 관심이 많아 서울시내에 '어린이회관'을 짓고 '어린이' 잡지도 발간하여 많은 활동을 하셨다.

부산에 살다가 중앙방송국을 거쳐 청와대까지 갔으니 모든 게 신기하고 얼떨떨했다. 청와대 홀에 들어가면서 숨소리도 죽이고 발자국도 살금살금 들어갔다. 육영수 여사가 목련처럼 새하얀 의상을 입고 온화한 표정으로 반갑게 맞이하시어 일일이 악수하고 좋은 말씀도 들려주셨다.

그때 우리들은 예물로 준비한 동요를 불러드렸다.

《파란마음 하얀마음》

1. 우리들 마음에 빛이 있다면
   여름엔 여름엔 파랄 거예요
   산도 들도 나무도 파란잎으로
   파랗게 파랗게 덮인 속에서
   파아란 하늘보고 자라니까요.

2. 우리들 마음에 빛이 있다면
   겨울엔 겨울엔 하얄 거예요
   산도 들도 지붕도 하얀 눈으로
   하얗게 하얗게 덮인 속에서
   깨끗한 마음으로 자라니까요.

필자가 결혼하고 60년도 중반에 자녀들이 태어나 자랄 땐, 전축에서 흘러나오는 동요를 같이 부르고 명곡들도 듣곤 했다.

그 시절 전축은 재산1호로 거실 가운데 자리를 잡았다. 형편이 되는 집에서는 비싼 외제 스트레오가 있었지만, 보통 가정에서는 전파사에서 조립을 한 전축을 장만하여 즐겼다. 그 후 TV 등장에 따라 KBS《누가 누가 잘하나》프로에 전국에서 노래를 잘하는 어린이들이 참가해 기량을 뽐냈다.

현재까지도 KBS 2TV에《누가 누가 잘하나》프로그램이 계속 이어지고 있어 여간 다행한 일이 아닐 수 없다. 시대에 맞게 동요를 작사 작곡한 분들과 유명 음악가들도 나와 어린이들과 같이 화음을 이루는 장면 등 우리

동요발전에 무한한 힘이 되리라 사료된다. 필자는 지금도 매주 목요일 4시 《누가 누가 잘하나》 프로그램을 자주 본다. 해맑은 어린이들의 동요 부르는 모습을 보면, 저절로 동심으로 돌아가 같이 부르기도 하며 행복감을 느낀다.

그런데 요즘은 방과 후 영어 수학 등의 과외에 내몰려 어린이들이《누가 누가 잘하나》프로를 얼마나 시청하고 있는지 한심스럽기 그지없다.
1970년도쯤에는 어린이들이 방과 후 주로 피아노 및 예능학원에 다녔다. 특히 피아노는 꼭 배워야 한다는 풍토가 만연되어 엄마들이 아르바이트를 하면서까지 비싼 피아노를 구입하고 애들을 피아노학원으로 보냈다.

1974년 필자가 교직을 그만두고 남편 직장따라 서울로 온 후로는 피아노 학원을 10년 정도 운영한 적이 있었다. 음대를 나오진 않았지만, 교직생활 중 틈틈이 피아노 레슨을 받았기 때문에 아이들에게 이론과 실기를 꼼꼼히 지도했더니 입소문 듣고 아이들이 줄을 이었다. 개인 레슨을 하면서 정기적으로 모여 피아노 발표회와 경연대회에도 내보내고 노래자랑 등 애착을 가지고 어린이들이 동요를 많이 부를 수 있는 기회를 주고자 노력을 했다. 그런데 근래에 와서 갑자기 피아노 학원이 쇠퇴일로에 있는 것같다.

영어, 수학 등의 과외에 치우치다보니, 아이들이 동요를 부를 기회가 더욱 줄어들고 있는 실정이다. 현재 초등학교 음악교과서를 훑어보니, 1,2학년 음악교과서는 없고 '즐거운 생활'로 2009년도에 개편되었고, 3학년은 음악교과서에 민요, 전래동요, 창작신곡 21곡, 옛동요 6곡 수록, 4학년은 32곡 중 옛동요 7곡, 5학년은 30곡 중 옛동요는 1곡도 없고, 6학년 28곡 중 옛동요 1곡(금강산)이 수록되었다. 한가지 아쉬운 점은 우리의 아름다운 옛동요가 많이 사라지고 있다는 것이다.

요즘은 초등학교 음악시간에 풍금이 사라진 지는 오래고 대부분 영상매체서 흘러나오는 동요를 들으며 수업이 진행된다고 한다.

그리고 최근에는 특별 예능교육으로 리코더, 오카리나 등의 전공자를 초빙하여 방과 후 시간에 지도하여 경연대회에 출전시키기도 한다니, 그나마 어린이들의 정서함양에 보탬이 되니 박수를 보낼 일이다. 아무튼 우리의 아름다운 옛동요가 음악교과서에 많이 실렸으면 하는 마음 간절하다. 그런데 요즘은 비단 동요뿐아니라 우리 고유의 미풍양속인 전통문화도 점차 사라지고 있는 것 같아 안타까운 심정이다. '온고지신(溫故知新)'이란 말이 있듯이, 옛것을 익혀 그것을 통하여 새것을 알도록 하는 것이 어느 나라를 막론하고 교육의 올바른 방향이 아닐까 싶다.

요즈음 들어 각 방송국에서는 부쩍 경쟁적으로 《트롯》 열풍이 불고 있다. 남녀노소를 막론하고 온통 《트롯》에 빠져 열광하고 있다. 대중가요는 오랜 역사를 가지고 있고 성인들이 부르는 노래로 인식되어 왔으며, 삶의 애환과 주로 남녀의 사랑타령이 주제로, 구성진 가락이 대중의 심금을 울리기도 한다.

그런데 요즈음 방송국에서는 초등생, 유치원 꼬맹이들까지 나와 찬란한 옷을 입고 오디션에 참여하고 있다. 가사의 뜻도 모르면서 그저 시키는대로 연습을 한 꼬마들이 무대에 나와 앙증맞게 성인들의 흉내를 내고는 낙방을 하면 털석 주저앉아 땅을 치고 통곡하는 장면은 대견하다기보다 무언가 안쓰런 느낌이 들어 "이건 아닌데" 하며 눈살을 찌푸리게 되는 건 나만의 심정만이 아닐 것이다. 심지어 3살, 4살짜리 꼬맹이들까지 트롯열풍에 빠져 깨춤을 추고 있으니, 뭔가 잘못되고 있다는 느낌을 지울 수가 없다. 가수가 되면 부와 명예가 따라오니 어릴 때부터 가진 재능을 살려준다는 그럴싸한 명분과 함께, 그 이면에는 부모들의 돈벌이 수단이란 잘못된 계산이 도사리고 있는 듯해 못내 씁쓸한 입맛을 금할 길 없다.

어느 날 필자가 우리 동요책을 구입하기 위해 광화문 교보문고 등 대형서점에 가 보았으나, 피아노책에 나오는 동요 몇 곡 외엔 찾아볼 수가 없었다. 인터넷 교보문고에서도 동요음반 외의 《동요책》은 구하기 어려웠다.

〈흘러간 옛노래〉 등 대중가요집은 서점마다 여러 종류가 자리잡고 있지만, 어린이들 동요책은 찾아볼 수가 없어 가슴을 아프게 했다.

동요 속에는 우리의 아름다운 자연이 숨을 쉬고 있고 나라와 부모, 스승, 형제, 그리고 친구들의 살뜰한 정(情)이 스며있어, 나이가 들수록 새록새록 기억되는 것이 어릴적 동심(童心)의 세계이다. 필자 나이 팔순이 지나고 있지만, 친구들과 야외에 나갈 때 동기모임 때도 꼭 동요가 등장한다. 천진난만했던 동심으로 돌아가 어릴 적 추억을 되살리며 소리소리 부르면서 하나같이 소녀가 되어 우정을 즐기곤 한다. 요즘 아이들은 홍수처럼 쏟아지는 대중문화에 함몰돼 턱없이 웃자라버려 순진무구한 동심세계의 즐거움을 모른 채 애어른이 돼가고 있어 씁쓸한 심정을 금할 수 없다.

"세상이 아무리 변해도 어린이는 어린이답게 자라야 한다"
는 것이 필자의 변함없는 주장이다.

범람하는 물질문명의 홍수 속에서 우리의 주옥같은 동요가 계속 이어지고 번창하기를 충심(衷心)으로 기원하며, 동요를 사랑하는 한 사람으로써 작금의 안타까운 심정을 토로해보았다.

지리산 천왕봉(天王峰) 등반기(登攀記)

35년 전 일이다. 우리 부부 나이가 50 전후 때 부모님이 계시는 고향의 아버님 생신연에 참석하고 오는 길에 지리산 천왕봉을 탐방했다. 남편은 어릴 때 지리산 가까이에 살면서 동네산은 많이 올랐지만, 지리산은 오르지 못했다가 이번에 시간을 내어 탐방하기로 했다.

지리산 최고봉인 천왕봉(天王峰)은 높이가 1,915m로 한반도에서 백두산(2,744m), 한라산(1,950m) 다음으로 높은 봉우리이다. 지리산은 천왕봉, 우봉(右峰)으로 서쪽 끝의 노고단(1,507m)과, 서쪽 중앙의 반야봉(1,715m) 등 3봉을 중심으로 하여 경상남도 함양군, 산청군, 하동군, 전라북도 남원시, 전라남도 구례군 등 3개 도(道), 5개 시군(市郡)에 걸쳐있는 우람한 명산이다.

1967년 12월에 지리산을 중심으로 한 일대가 국립공원 제1호로 지정되기도 했다. 지리산은 지이산(智異山)이라 쓰고 〈지리산〉으로 읽는다.

지리산은 예로부터 금강산 한라산과 더불어 신선이 내려와 살았다는 전설속 삼신산(三神山)의 하나로, 방장산(方丈山)이라고도 한다. 방장이란 중국에서 옛부터 동해 가운데 신선이 살고 불로초가 있다고 전해지는 미지의 신비경인 봉래, 방장, 영주 등의 삼신산의 이름 중 방장을 따온 것이다. 즉 봉래는 금강산, 방장은 지리산, 영주는 한라산을 일컫는다. 고대 중국의 진시황이 불로초를 구하려 삼천동자를 동해 건너 삼신산으로 보냈다는 전설도 전해온다.

또 지리산의 다른 이름은, 〈백두(白頭)산맥〉이 뻗어내렸다 하여 〈두류산(頭流山)〉이라고도 하고, 또는 백두산맥이 남해바다에 이르기 전 잠시 멈추었다고 해서 〈두류산(頭留山)〉으로 부르기도 한다(동국여지승람 참조).

고대 불교에서는 지혜의 보살인 〈문수보살〉이 이 산에 머물면서 불법을 지키고 중생을 깨우치는 도량으로 삼았다고 해서, 지리산을 대지문수사리보살(大智文殊舍利菩薩)에서 〈지(智)〉와 〈리(利)〉를 따 와 《智利山》이라 적기도 했다. 그러므로 지리산(智異山)은 "신의 땅에 오묘한 이치를 간직하고 있는 山(智利山)" 또는 "특이한 지혜를 간직한 산(智異山)"이라는 뜻으로 쓰이고 있는 성싶다. 또한 지리산(智異山)의 글자 뜻에 중점을 두어 "우매한 사람이 머물면 지혜로운 자로 달라지는 山"이라는 뜻으로 새기는 사람도 있다. 아무튼 지리산은 거침없이 탁트여 사방이 하늘을 바라보며 지구와 우주가 맞닿아 있는 듯한 아득한 지평선 위로 하얀 구름떼 운평선(雲平線)이 더욱 아름답고 사철 수많은 생태계가 잘 보존된 명산이다.

지리산 천왕봉 등산코스는 여러 곳이 있지만, 그 중에 최단코스는 경남 산청군 시천면 중산리에서 오르는 코스다. 마침 우리 고향이 중산리 경계선이라 고향집에서 1박하고 다음 날 새벽 5시경 출발했다. 대원사 계곡을 지나 산마을 사람들에게 물어물어 산길을 따라 올랐다. 요즘은 중산리에서 버스를 타고 가다가 산길로 걷는데 군데군데 팻말도 많지만, 그 당시엔 버스가 없어 처음부터 걸어야 했는데 우리가 가는 길엔 팻말도 보이지 않았다. 인터넷 검색도 없는 때라 산행지도만 보고 무턱대고 올랐다. 중산리 코스가 최단코스지만 길이 가파르고 힘든 코스다. 암벽도 있고 자칫 미끄러지면 큰 사고로 이어지기 때문에 조심조심 앞만 보고 올라야 했다. 어느 정도 올라가니 등산객들이 다니는 등산로가 나왔다.

7월 초순이라 여름방학을 맞은 대학생들과 젊은이들이 많았는데 만나는 사람마다 깎듯이 인사를 해왔다.
"반갑습니다! 건강하세요! 조심히 가세요! 행복하세요!"
보통 산행에서는 볼 수없는 아름다운 광경이었다. 그 때만해도 노인 등산객이 흔치않던 시절이고 또 우리 부부가 젊은이들 보기에 나이가 많아 보였던 것 같다. 참 흐뭇한 인사를 주고 받으며 젊은이들 속에 이끌려 오를 수 있었다. 나는 미리부터 천왕봉 등반을 위해 한 3개월 정도 등산을 좋아하는 남편을 따라 주말이면 관악산, 북한산, 도봉산을 오르며 훈련을 한 덕분인지 별로 무리가 없었다.

　출발한 지 7시간 만에 장터목 대피소(1,653m에 도착했다. 장터목 대피소는 옛날에 남쪽의 산청군과 북쪽의 함양군 사람들이 올라와 물건을 사고 팔았다는 장터답게 늘 사람들이 북적대는 곳이라 한다. 그날도 등산객이 몰려와 앉을 틈이 없었고 여자 등산객은 별로 보이지 않았다. 우리는 인근 법계사(法界寺)로 갔는데, 그곳에는 남자들은 묵을 수가 없다고 해서 남편은 부득이 장터목 대피소로 가고 나는 법계사에서 하룻밤 묵었다.

　법계사는 해발 1,400m로 우리나라에서 제일 높은 곳에 있는 사찰이다. 대한불교 조계종 해인사 말사로 신라 진흥왕 5년(544년) 천축국(인도)에서 온 연기조사(緣起祖師)가 창건한 사찰이다. 늦은 시간이라 법계사 경내는 둘러보지 못하고 보살 두 분이 있는 방에서 함께 잤다. 방은 온돌방으로 피로를 풀기에 좋았지만 잠자리가 바뀌어 좀체 잠이 들지 않았다. 새벽 3시쯤에 보살들이 일어나는 바람에 나는 날밤을 새운 채 일어나 세수를 하고 보살들을 따라 법당으로 갔다. 새벽예불이었다. 나는 법당에서 108배, 200배, 300배…. 난생 처음 절을 많이 했다. 마침 막내가 고3이라 가족과 고3 아들을 위해 기도할 수 있는 좋은 기회여서 뿌듯한 심정이었다.

　동이 트자 남편이 법계사로 와서 천왕봉으로 향했다. 장터목에서 천왕봉을 오르는 길목 1.7km쯤에 제석봉(1806m)이 있는데, 10만 여평에 이르는 광활한 구릉지대로 군데군데 고사목(枯死木) 잔해들이 눈길을 끈다.
　희끗희끗 빛바랜 채 기기묘묘한 모습의 고사목들 사이사이로 온갖 초목과 버섯, 바위들이 어울려 하나의 거대한 예술작품인 듯 놀라움을 자아냈다. 그런데 후에 알고보니 지리산 고사목들은 아픈 역사를 품고 있었다.

　60여년 전만해도 지리산은 대낮에도 어두컴컴할 정도로 하늘을 가리는 울창한 숲들이 우거졌다 한다. 구상나무, 전나무, 잣나무 숲들이었다.

그런데 6.25가 끝난 무렵에 각지에서 몰지각한 도벌꾼들이 몰려와 남벌하기 시작했는데, 그 주범이 당시 장관을 지낸 이의 조카라고 한다. 그들은 장터목 아래 제재소까지 차려놓고 그 일대의 거목들을 무차별적으로 남벌하다가 급기야는 사회적 물의가 일어나자 도벌의 흔적을 지우기 위해 아예 산에 불을 질러버린 것이다.

그리하여 제석봉 고사목들은 자연사한 것이 아니고 도벌꾼들의 방화에 소사(燒死)한 것이다. 불길에 타다가 남은 잔해들이 온갖 풍상에 시달리며 그 비애의 사연을 드러내고 있는 것이다. 한 맺힌 상처를 안고 뭇 생명들과 어울려 살아 백년 죽어 천년을 지키고 있는 그 모습에 사뭇 숙연해진다. 다시 옛 모습으로 복원되려면 또 얼마만한 세월이 흘러야 할지! 못된 인간들의 탐욕이 부른 대참사가 아닌가! 그런데 1980년부터는 구상나무 심는 운동이 펼쳐지고 있다니 그나마 다행이다.

제석봉에서 바라본 경치는 첩첩 봉우리가 키를 재듯 도열하며 운무에 싸여 장관을 이루었다. 장터목에서 제석봉을 지나 천왕봉으로 향하는 오르막길은 경사가 급해서 가쁜 숨을 쉬며 조심조심 기듯이 올라가 드디어 천왕봉에 도착했다. 꿈에 그리던 천왕봉! 감개가 무량했다. 많은 등반객들이 몰려들어 북적대고, 파아란 공중엔 때 이른 잠자리떼가 비행하고 있었다.

천왕봉 돌석 앞에는 사진촬영자들이 겹겹이 줄을 서 기다리고 있었다. 아뿔싸! 급히 오느라고 카메라를 그만 깜빡했다. 그 무렵에는 핸드폰이 없던 때라 할 수 없이 좋은 인상의 두 청년에게 사진촬영을 부탁하니 흔쾌히 사진을 찍어주었다. 마산에 산다는 대학생과 형은 울산기아자동차회사에 다닌다고 했다. 얼마나 다행이었는지, 그래도 착한 사람들이 많다는 것을 느낄 수 있었다. 우리는 청년에게 배달주소를 적어주고 꼭 보내달라고 당부했다.

하산길은 함양 쪽을 택하여 남원으로 가기로 했다. 내려오는 길은 계곡길이라 이끼들이 많아 미끄러웠는데 하산객도 보이지 않았다. 온몸의 신경이 발끝에 모여 주변경치를 감상 할 틈도 없었다. 빨리 질러 내려가려고 계곡길을 택한 게 실수였다. 어렵사리 더듬더듬 간신이 내려오니 마침내 지리산 첫 동네인 초가집이 보였다. 그런데 휴! 하고 안도의 숨을 내쉬는 순간, 나는 그만 미끄러져 왼쪽 발목을 삐고 말았다. 이를 어쩌나! 주저앉아 발목을 잡고 있는 내 곁으로 남편이 다가와 주무르고 지압하고…. 얼마 후 남편이 부축해서 겨우 일어나 절뚝거리며 내려오니 찻길이 보였고 어떤 부부가 차를 기다리고 있었다. 얼마나 반가웠던지, 우리 부부와 같이 넷이서 지나가는 차동차마다 손을 흔들고 승차의사를 나타냈다. 마침 빈트럭이 한 대 다가와 정차를 해주어 너무나 고맙게도 올라타고 남원에 도착해서 고마움을 봉투에 담아 건네주려 했더니 한사코 사양하고는 가버리는 것이었다. 또 한사람 착한 사람을 만난 날이었다. 이 어찌 살맛나는 세상이 아니겠는가!

　다음날은 남편의 출근날이라, 남원관광은 훗날로 미루고 서둘러 식당에서 비빔밥으로 저녁을 때우고 서울행 야간열차에 몸을 실어 이튿날 새벽에 서울에 도착했다. 2박 3일의 빡빡한 일정에 고생은 좀 했지만 마음만은 뿌듯하고 즐거웠다. 만약 그때 무리하게라도 가지 않았더라면 아마도 평생 지리산 천왕봉등반은 못할 뻔했다는 생각이 들곤 한다.
　집에 도착한지 며칠 후 천왕봉에서 우리 부부사진을 찍어줬던 청년으로부터 사진이 왔다. 너무나 고마워서 교양과 문학책 두권을 사서 답례편지와 함께 부쳤다. 지리산천왕봉 돌석 앞에서 찍은 그 등산복차림의 부부사진이 평생 우리집 거실벽을 지키고 있다.
　5년 전에 남편은 소천(召天)했지만, 천왕봉 그 사진을 볼 때마다 지리산 등반추억이 새록새록 떠올라 생각나는대로 적어보았다.

나의 꽃 이야기

　누구나 좋아하는 꽃, 필자도 예외는 아니다.
　우리집 앞마당 화단에는 분꽃, 채송화, 봉숭아, 접시꽃, 다알리아, 맨드라미들이 옹기종기 자라고 있었다. 그러다 세월이 지나 결혼을 하고 대도시의 주택에 살게 되면서도 우리집 작은 정원엔 항상 꽃을 볼 수 있었다. 추운 겨울이면 화분꽃들은 실내로 옮기고, 야생 풀꽃과 일년초들은 정원에 그대로 두었는데 겨우내 숨죽이고 웅크리고 있다가 이듬해 봄기운을 타고 예쁜 싹을 내밀면 그렇게 기쁘고 반가울 수가 없었다.

　화분은 플라스틱 화분보다 사기나 주황빛 황토분에 심으면 식물이 사방으로 숨을 쉴 수 있어 잘 자랐다. 그런데 어느날 애지중지하던 황토분을 옮기다가 그만 실수로 깨뜨리고 말았다. 너무나 아까워 깨어진 화분조각을 모아 시멘트로 접합하고 예쁜 자갈을 붙여서 본래의 모습대로 재생했다.
　조금 무거워지긴 했지만 꽃들이 잘 자라주어서 수 십년 동안 우리집 베란다를 지켜주고 있다. 그리고 간혹 여행길에 예쁜 돌이 있으면 주워도 오고 또 지리산 등반 때 남편의 배낭에 넣어온 털실무늬의 수석도 있어 화분들과 어울려 자연의 정취를 느낄 수 있어 보기에 좋았다.

　1980년대에 아파트문화가 급속도로 전파되면서 우리도 아파트로 이사했다. 남향이라 따스한 베란다가 있어 꽃을 키우기엔 안성맞춤이었다.
　2000년도 초쯤엔 가정마다 공기정화용 식물이 유행하였는데 그중에서도 '산세베리아'가 대인기였다. 다른 화초에 비해 가격이 좀 높았지만 웬만한 가정에선 다 구입했다. 아파트 실내공기정화와 전자파방지 식물로 각종 매스컴에서 널리 광고하고 있어, 나도 여나무개 잎이 솟아 있는 '산세베리아'를 구입하여 TV옆 공간에 넓은 잎의 고무나무와 같이 놓아두었다.

'산세베리아'는 게으른 사람이 잘 키운다고 했다. 물을 너무 자주 주면 뿌리가 녹아내려 죽으므로, 수돗물을 바로 주면 안되고 물통에 담아서 3~4일 정도 지난 후에 물을 주면 수돗물 소독약 기운이 빠져서 좋고, 또 온도차가 심한 물이 아니므로 더욱 좋다. 이는 원래 꽃이 머금고 있는 물 온도와 비슷하게 맞춰주어야 하기 때문이다. 실내에서는 먼지도 많고 벌레도 끼일 수 있어 자주 스프레이를 해주고, 김빠진 맥주로 잎이 넓은 식물들을 닦아주면 윤기를 내며 아주 생글생글 고맙다는 인사를 하는 것같다. 식물이든 동물이든 모든 생명체는 사람의 정성에 보답하는 모양이다. 요즘은 식물들에게 좋은 음악을 들려주어 생장발육에 대한 연구도 한다고 한다.

'산세베리아'를 사온 지 10년쯤 되던 2015년 8월 항상 실내에만 둔 '산세베리아'를 베란다에 내놓아보았다. 그런데 어느날 물을 주러 나갔더니 '산세베리아'의 길고 뾰족한 잎 사이로 가느다랗고 하얀 꽃들이 줄을 지어 피고 있었다. 감탄사가 절로 나왔다. 부리나케 사진을 찍어 친구들에게 보냈더니 모두들 감탄사다.
"산세베리아도 꽃이 피는감!"
아마도 여태 실내서만 자라 일조량이 부족해 꽃을 피우는데 그렇게 오래 걸렸나 싶었다. 꽃이 안피는 식물인 줄 알고 실내에만 두었던 탓이다.
그런데 그렇게 10년 만에 핀 '산세베리아꽃'은 일주일도 채 못가고 이울고 말아 여간 섭섭한 게 아니었다.
오랫만에 피는 꽃은 행운을 가져다준다는 속설이 있다. '산세베리아' 꽃이 핀 그 해에 얼마 후 우리집 숙원문제가 풀려 기쁨을 맛본 일이 있었다.
앞으로 또 10년 후엔 또 다시 '산세베리아' 꽃을 볼 수 있을런지, 내 나이 이미 팔순 줄을 탄지 몇 해가 지났으니 말이다.

우리집 베란다엔 여러 화분이 옹기종기 사이좋게 어울려 살고 있다. 그 중에 단골로 '호야꽃'이 있다. 한쪽은 초록이고 다른 한쪽은 희색이며 꽃잎이 두껍고 가지가 길게 늘어져 뻗어가기 때문에 베란다 천장에 매달아 두거나, 실내 어느 곳이든 꽃바구니에 화분을 담아 장식을 해두면 좋은 실내 인테리어가 되기도 한다. 호야꽃은 생장력도 강하고 키우기도 쉽다. 그래서 대부분의 가정에서는 실내에서 호야꽃을 키운다.

올봄 베란다의 군자란 화분 옆에 호야꽃 화분을 내놓았더니, 난데없이 군자란 잎 사이로 호야꽃 가는 줄기가 올라와 애기주먹만한 연보랏빛 호야꽃 한송이가 탐스럽게 피어 있어 깜짝 놀랐다. 그때까지는 이름조차 모르고 키워만 왔는데, 드디어 꽃을 보니 신기하기도 해서 사진을 찍어 화원에 물었더니 '호야꽃'이라고 했다. 우리집에서 그렇게 처음 핀 호야꽃은 10일 정도 피어 있었다. 또 어떤 행운이 올까고 내심 기다렸는데 아니나 다를까, 꽃이 핀 사나흘 뒤 한가지 일이 잘 풀렸던 것이다. 우연의 일치이겠지만 아무튼 기뻤다.

오랜 세월 집에서 꽃을 가까이 하다보니 이런저런 일이 생겨나기도 했다.
30여년 전에 꽃 때문에 일어난 일이다. 여름에 베란다에 있는 화분을 넓은 아파트정원에 갖다두면 꽃이 더욱 잘 자랄 거라 생각하고 큰 화분을 아파트정원으로 옮기는 중에 화단의 철제 울타리 쇠창살에 치맛단이 걸려 그만 넘어지고 말았다. 갑자기 팔이 부어올라 병원에서 뼈접합수술을 받았다. 부러진 뼈를 쇠붙이로 연결한 후 쇠붙이제거수술까지 다시 받았다. 아직까지도 그때 그 상처의 흔적이 오른팔에 또렷이 남아 있다.

우리집엔 동양난분(蘭盆)도 십 수개가 있었다. 대부분 직장에서 남편의 승진선물로 들어온 난(蘭)인데 자리를 옮길 때마다 직원들이 집으로 보내곤 했다. 귀한 난을 키워보려고 난 재배법 책자를 열심히 뒤적였다. 여름엔 베란다에 내놓고 정성껏 가꾸었다. 그러다 겨울철 한파가 닥치기 전에 베란다 난분을 거실로 옮기려고 단단히 벼르고 있었는데, 그만 바쁜 일정에 밀려 차일피일 미루던 어느 날 밤중에 갑자기 들이닥친 한파로 인해 베란다 난들이 그만 냉해를 입고 말았다. 안타까운 일이었다.
냉해를 입은 난들은 그 후 얼마 못가 십 수개의 난분들이 하나하나 죄다 이울고 말았고 그 후로는 난을 기르지 않고 있다.

난을 키울 땐 가끔씩 난꽃이 피면 온 집안에 청향이 감돌았고, 남편은 집안에 경사가 있으려나 하고 무척 기뻐했다. 지금은 남편이 하늘로 가버렸지만, 나의 불찰로 난분을 모두 잃게 되어 두고두고 그 안타까운 사연이 옹이처럼 굳어져 가슴 한켠에 굴러다니고 있다.

화초 중에 비교적 쉽게 키울 수 있는 것은 '스킨답서스'라 알려져 있다. 몇 년 전에 한뿌리 사서 키웠는데, 물만 자주 주면 쑥쑥 잘 자랄 뿐만아니라 성장력이 좋아서 집에 오시는 분들께 꺾어서 나눠주기도 하고, 또 작은 생수병을 잘라 노끈으로 매달아 방안 벽에 걸어두고 물을 넣고 '스킨답서스'를 꽂아두면 항상 싱푸름을 느낄 수도 있고 또한 가습기작용도 하다보니 일석이조의 화초라 하겠다.

꽃을 가까이 한다는 것은 집안에 싱싱한 기(氣)를 넣어줄뿐 아니라, 때때로 풍겨주는 맑은 꽃향기에 온집안에 화기(和氣)가 넘치고 건강한 웃음소리가 끊이지 않아 꼭 권장하고 싶은 일이기도 하다.

올들어 '산세베리아'도 식구가 점점 불어나 러시아워 지하철 안처럼 빼곡히 붙어있다. 한파가 오기 전에 분갈이를 해서 4남매 자식들과 이웃에 분양을 해 줄 작정이다.

어느새 필자 나이 팔순줄 황혼녘에 들었으나 건강이 허락하는 한, 베란다 화분을 줄여서라도 언제까지나 꽃을 곁에 두고 싶은 심정은 변함이 없다.

몸은 늙어 시들어가지만 마음만은 늙지 않고 시들지도 않는 모양이다.

훗날 먼길 떠날 때까지 필자는 도란도란 살아가는 우리집 베란다 화분에 듬뿍 사랑을 쏟으며 정성껏 돌보며 살 것이다. 그것이 또한 필자 삶의 보람의 한쪽이기도 하다.

살맛나는 세상

　며칠 전 외출중이었는데요. 버스정류장 의자에 손가방과 쇼핑백을 내려놓고 땀을 닦고 부채질을 하는 순간, 버스가 와서 급히 탔거든요. 그런데 다음 정거장에 도착할 무렵, 휴대폰을 찾는 순간 아뿔싸! 그만 앞이 캄캄했죠. 전정류소에서 쇼핑백만 들고 손가방은 버려두고 온 걸 깨닫고는 버스 문이 열리자마자 바로 뛰어내려 마구 뛰어갔죠.

　8월 초순이라 내려쬐는 불볕을 머리에 이고 거친 숨을 몰아쉬며 팔순노파의 다리로 휘청휘청 뛰고 걷고 뛰고 걷고…… 연신 "하느님! 하느님!"을 연호하며, 단 1%의 실낱같은 희망을 안고 뛰었죠. 버스 한정거장이 천리길처럼 멀었죠.

　그러다 그 정류소 10m 앞쯤에 왔을 때, 아줌씨 둘을 태운 버스가 지나가는게 보였죠. 아, 이제 끝장이구나! 낙담하는데 또 한노파가 달랑달랑 손가방을 흔들며 건널목을 지나는 게 보이는 순간! "저 손가방이 혹시 내꺼?"하면서 엉뚱한 생각이 머리를 스치는 순간, 내가 탄 버스 그 정류소 3m 앞쯤 왔을 때 눈이 번쩍! 했죠. 정류소 텅빈 의자에 동그마니 자리를 지키는 내 때 묻은 손가방! "오, 하느님!" 깜빡한 못난 실수를 어여삐 여겨주셨군요. 감사합니다! 감사합니다!
　손가방은 먼지 하나 다치지 않고 고스란이 내 품으로 돌아왔다.

　이 손가방은 몇 년 전 부산친정에 갔을 때 사촌 올케가 밤새워 한땀 한땀 정성들여 만들어 준 선물이다. 나에겐 그 어떤 명품보다 귀하기에 항상 들고 다니는 손가방이다. 천으로 만들어 가볍고 쓸모가 있어 참 편리한 손가방이다. 친형제 이상으로 가까운 사이의 사촌 올케가 참 넉넉하고 인정이 많아 부산에 갈 때마다 꼭 들러 정을 나누는 올케라 더욱 마음이 쓰였다.

그 가방 속에 내 자질구레한 소지품, 돈지갑, 카드, 주민증, 휴대폰 등이 들어 있었는데, 많은 사람들이 오가는 버스정류장인데도 고스란이 다시 내 품으로 돌아왔다는 사실이 참으로 믿기지가 않았다.

언젠가 성당에서 한 할머니가 고해성사를 하기 위해 고해소로 들어갔다. 고해소는 신부님 앞에 작은 창문이 있고 신자가 들어가 앉으면 작은 문이 열리고 얼굴은 볼 수가 없다. 할머니가 들어가서 앉으니 "자매님, 말씀을 하세요." 신부님이 말해도 할머니는 그저 한동안 한숨만 푹푹 쉬다가 말했죠. "사는 게 다 죄이지요!" 그 할머니 얘기가 순간 떠올랐다.

오늘 나의 작은 실수로 하여 여러 사람을 의심했으니, 내 삶에 또 하나의 죄가 불어난 셈이다. 요즘 코로나 역질 때문에 성당에도 못 가는데 다음에 성당에 가면 신부님께 고해성사를 하고 보속(報贖)이라도 받아야 겠다.

우리 사는 세상사 아무리 팍팍할찌라도 그래도 착한 사람들이 많기에 세상은 돌아가고 살맛나는 세상이 아닐런지!

나의 할머니

할머니!
나의 할머니는 여느 할머니가 아니었다. 다섯 살에 엄마를 여읜 필자에게 할머니는 엄마같은 할머니였다. 할머니는 슬하에 8남1녀를 두어 나에게는 삼촌이 일곱 분이고, 고모님이 한 분이었다.

어릴 때 기억을 더듬어보면 할머니의 시아버지되시는 나의 증조부께서는 한의원을 운영하셨고, 우리집 윗쪽 약간 높은 지대에 종가댁인 종증조부댁이 있었다. 종가댁 종증조부께서는 조선후기 수군(水軍) 선략장군행영등만호(宣略將軍幸永登萬戶)로, 만호(萬戶)란 종4품 무관직(현 준장급)이었다. 필자가 어릴 땐 영등만호 할아버지댁이라 불렀다.(만호 할아버지는 필자가 태어나기 전 작고.)

집안 대소사 땐 나는 할머니를 따라 종가인 영등만호댁에 자주 다녔다.
큰 기와집에 안골포 동네 앞바다가 훤히 바라보이는 대청마루와 넓은 마당에서 소꿉놀이하며 놀다가 할머니가 일을 마치면 할머니 손을 잡고 집으로 돌아오곤 했다.
우리집은 늘 손님들이 북적거렸다. 할머니는 종갓집 둘째 며느리이며 우리집에서는 맏며느리(독며느리)로써 막중한 사명감을 잠시도 잊지 않으셨다. 할아버지는 지역 혁신위원회위원으로 자주 십리길 거리에 있는 면사무소와 군청을 왕래하셨다. 날이 저물도록 귀가하지 않으면 삼촌들이 횃불을 들고 마중을 나가기도 했고, 얼콰하게 취해 오실 때는 고샅길 중간에 도깨비를 만나 싸웠다는 이야기도 하셨다.

할아버지는 지역에서 둘뿐인 큰 원양어업을 하셨다.
몇달 만에 만선의 깃발을 펄럭이며 배가 선착장에 들어오면 할머니의 일손은 더욱 바빠지셨다. 싱싱한 생선, 제일 좋은 것은 만호 할아바지댁에 드리고 그외 동네 분들에게도 고루 나누어주기도 했는데, 나는 언니 오빠들을 따라 곧잘 할머니의 심부름을 가곤 했다.

그 당시는 거지가 왜 그리 많았는지 아침이면 빈 바가지를 들고 대문 앞에 줄을 섰는데, 그럴 때마다 할머니는 따끈한 밥 위에 반찬을 얹어 보내기도 하는 등 할머니는 언제나 나누고 베푸는 일이 몸에 베이신 후덕한 할머니였다. 농삿일은 물론 집안 어른들의 바지저고리 두루막까지 풀을 매기고 다림질까지 참으로 쉴 틈 없는 나날이었다. 물론 농삿일 허드렛일을 도와주는 일손도 있었고 근처에 사는 며느리들이 도와주곤 했지만, 농경사회인 당시는 집안일이 워낙 많아 대부분 결혼을 일찍 시키는 풍습이 있었다.

할머니도 일찍 맏며느리를 보았는데, 바로 필자의 어머니다.
그때 아버지는 14살로 서울에서 학교(중동고보)를 다녔고, 어머니는 아버지보다 세살 연상으로 17살이었다. 필자의 어머니는 웅천읍내 부유한 집안의 딸로 동생같은 학생 남편을 만나 신혼의 단꿈도 버린채 맏며느리로서 시어머니(할머니)를 도와 7남매를 낳아 길렀다.

아버지는 학교를 마치고 고향에 내려와 학교를 설립해 육영사업(문맹퇴치)에 몰두하고 있었다. 고모의 말에 의하면 아버지는 방학 때 집에 오면 툇마루에서 바이올린이나 켜면서 신세대 멋쟁이로 집안일은 거들떠보지도 않았으니, 어머니는 남편의 그림자만 보고 살았으리라. 그러다 어머니는 건강이 나빠져 자주 몸져 눕기도 했다. 어릴 때 어느날 어머니가 숙모와 함께 숯불 다림질을 하다가 갑자기 쓰러져 안방으로 실려가기도 했다.
그 당시는 대동아전쟁(태평양전쟁) 때였는데, 갑자기 비행기 소리가 윙하고 들리면, 《구슈게이호》라는 공습경보(空襲警報) 소리가 요란하게 울리고 이웃집 사람들이 모두 우리집에 있는 방공호로 몰려들기도 했는데, 어머니는 병중이라 안방에 누워있었고 셋째오빠가 어머니 곁을 지켰다.

그때 방공호에 모인 사람들이 셋째오빠를 향해, "완(完:셋째오빠)이는 하늘이 낸 효자"라고 칭찬이 자자했다. 사실 셋째오빠는 국민학교 5,6학년 때 집에 오면 언제나 어머니 곁에서 부채질을 해드리면서 극진히 간호를 했던 것이다. 언제인가 엄마 곁에서 나와 바로 위 언니 그리고 셋째오빠가 같이 잤는데, 새벽녘에 어머니가 갑자기 벌떡 일어나 큰 눈으로 우리 남매들을 둘러 보고는 그대로 쓰러지셨다. 그때 어머니의 모습을 필자 혼자만 보았다. 어린 새끼들을 두고 가려니 얼마나 마음이 아팠을까!

휑한 눈동자로 새끼들을 둘러보는 어머니의 마음은 어찌 만감이 교차하지 않았을까! 세월이 흘러 어머니요 할머니가 된 오늘날에도 그 때를 생각하면 필자는 목이 메여 뜨거운 눈시울을 감출 수 없다. 그런 일이 있은 며칠 후 어머니는 조용히 저세상으로 떠났다. 막내딸인 필자는 그때 5살이었다. 출가해 일본에 사는 큰 언니는 어머니 부음을 받자마자 달려와 소복에 머리를 풀고 통곡했다. 어머니 기일(忌日)이 되면 아버지는 혼잣말처럼 늘 어놓으셨다. "요즘같은 세상이었으면 느거 엄마를 그렇게 보내지 않고 꼭 살렸을 텐데…."

맏며느리를 보내고 어미 잃은 어린 손주들을 거두려니 할머니 심정이 오죽했으랴! 그때부터 우리 할머니는 둘째언니를 시집보내고 남은 우리 5남매를 엄마의 가슴이 되어 품어서 보살폈다. 얼마 후 새어머니가 들어와서 3남1녀를 낳아 가까운 곳에 살았지만, 우리 5남매는 할머니와 같이 살았다. 밤이 되면 옆에 누워 할머니 젖꼭지를 서로 다투어 만지기도 했고, 할머니의 구수한 옛이야기에 끔찍히도 그리운 엄마생각을 가슴 속에 묻어두곤 했다. 그 무렵 국민학교에 다닌 필자는 학교가 파하고 집에 올 때는 언제나 우리집 지붕을 먼저 쳐다보곤 했는데 그 까닭은, 당시엔 사람이 죽으면 흰옷을 지붕 위에 걸쳐 날리는 풍습이 있었기에 혹시나 우리 할머니가 자칫 잘못되지나 않았을까 하고 두려운 생각이 가슴속에 도사리고 있었기 때문이었다.

초등학교 4학년 땐 6.25전쟁이 터졌는데 큰오빠가 입대하여 할머니는 매일 새벽 장독 위에 정화수를 떠놓고 빌었다.

"명천에 하늘님요 우리 종손 일(큰오빠이름)이가 전장터에서 꼭 무사히 살아 돌아오도록 굽어살펴 주옵소서!" 두손 모아 간절히 간절히 비는 할머니의 모습을 가슴 아프게 보기도 했다. 그래서 그런지 그후 할머니의 지성이 하늘에 닿았을까 큰오빠는 정작 무사히 살아서 돌아왔다.

그런데 그 무렵부터 할머니는 날이 갈수록 눈동자에 안개같은 것이 덮혀 있었다. 요즘처럼 병원이 흔치 않던 때라 죽염(竹鹽)이 좋다해서 나는 매일 챙겨서 눈에 넣어드리곤 했다. 우리 동네는 바닷가라 아이들은 대개 갯펄에 나가 조개를 캐거나 굴을 땄는데 할머니는 우리들을 내보내지 않았고, 책을 열심히 보고 공부를 하라고 하셨으며 특히 가풍(家風)을 중히 여겨 항상 언행을 신중히 하라고 훈육하셨다. 할머니는 우리를 기르면서 욕설 한 번 입에 담지 않았다. 동네 아낙들은 말끝마다 욕설을 입에 달고 살았던 때였다. 할머니는 막내인 나를 유달리 챙겼다. 덩치 큰 형제들 속이라 안쓰러움이 많았으리라.

할머니는 항상 하얀 광목 본목 치마저고리에 치마끈을 동여매고 흰수건을 쓰고 일을 했다. 넓은 집이라 감나무 대추나무와 우물 뒤편에 대나무 뽕나무가 있었고, 닭과 소도 길렀고 누에도 쳤다.

그 바쁜 나날에서도 할머니는 꽃을 좋아해 작은 술병들을 거꾸로 묻어 울타리를 만들고 갖가지 꽃들을 가꾸었다. 채송화 분꽃, 봉숭아, 다알리아, 함박꽃들을 키 순서대로 가꾸었다. 맨 뒤 가운데는 다른 집에서 볼 수 없는 넓고 큰잎파리를 자랑하는 파초가 일렁이었고, 장독가에는 접시꽃이 자랐다. 들깨 잎모양의 자주색 소엽도 길러 상처가 나면 붙여주기도 했다. 동네 소꿉친구들이 마당에서 술래잡기할 땐 큰잎파리 파초 뒤에 숨기도 했다.

할머니는 음식솜씨도 좋아 봄철 쑥개떡을 잘 만들었고 점심때는 수제비나 국수를 자주해주었다. 할머니 국수맛은 일품이었다.

국수를 삶아 소쿠리에 받쳐 시원한 우물물을 붓고 조선간장, 설탕, 깨소금을 뿌리면 끝이다. 달달하고 짜지도 맵지도 않아 동네애들도 잘 먹었다. 생일 때는 찹쌀 오곡밥에 미역국, 그리고 찰수수떡도 만들어주었다.

미역국은 싱싱한 광어나 도다리를 조선간장에 익혀 물을 붓고 끓이다 참기름에 볶지 않은 미역을 넣고 한소끔 끓이면 그 담백하고 맑고 시원한 맛이 일품이었다. 필자가 초등학교 고학년 때는 도시락 반찬에 정구지, 방아잎에 풋고추와 된장으로 간을 해 부친 장떡부침개를 자주 넣어주었는데 짭짤 매콤하고 쫀득한 것이 참 맛이 좋았다.

그 당시엔 보통 논일은 남자들이 하고 밭일은 여자들이 했다.

언젠가 할머니를 따라 산성 밑에 있는 콩밭으로 갔다. 할머니와 숙모, 그리고 일손 돕는 아지매들이 밭을 매는 동안, 나는 풀벌레와 동무를 하며 풀꽃 목걸이를 만들어 두었다가 종일 땀에 젖은 할머니 목에 걸어주면 할머니는 피로가 가신 듯 어린애처럼 좋아했다. 밭일을 마치고 집으로 오면 할머니는 우물물을 길어와서 조선간장 한술을 넣고 마셨는데, 아마 땀으로 빠져나간 소금기를 보충하기 위한 선조들의 지혜인 것 같았다. 나도 간장을 탄 물을 마셔보았는데 그 물맛이 지금의 냉장고 생수에 비할 바 아니었다. 그리고 어릴 때부터 할머니 옆에서 꽃과 풀꽃들을 가까이 하고 자란 탓인지 나는 꽃을 좋아하고 들판에 널부러져 있는 풀꽃들을 만나면 항상 마음을 사로잡곤 한다. 또한 살아가면서 할머니의 그 오묘한 손맛을 흉내도 내보지만, 할머니의 지극 정성이 담긴 그 손맛은 도저히 따라갈 수가 없을 것 같다.

어릴 때부터 필자는 훗날에 어른이 되어도 할머니와 같이 살겠다는 생각뿐이었다. 그런데 정작 시집을 가고보니 바쁜 일에 쫓기어 할머니를 자주 찾아뵙지 못한 것이 가슴 한켠에 옹이가 되어 후회로 남아 있다.

필자가 출가한 후에는 할머니는 셋째아들네 집에 살았다. 할머니 사는 집이 나에겐 친정이나 다름없어 가끔 찾아뵈러 드나들었고, 삼촌과 숙모도 반갑게 대해주어 지금까지도 그댁 사촌들과는 친형제 이상으로 잘 지내고 있다. 아버지 새엄마 동생 넷이 사는 친정에도 새엄마가 마음이 후덕하고 넓어 우리들에게 참 잘해주셨다. 동생들과도 이복형제란 내색 않고 잘 지냈으며 지금도 부산에 가면 큰동생네 집에(아버지 어머니 계시던 곳) 머문다.

할머니가 세째삼촌댁에 계시게 된 것은, 아버지가 고향에서 교육사업을 하시다가 필자가 초등학교 1학년 무렵 해방이 되자(그당시 우리 고향에도 초등학교가 들어왔다) 아버지는 서울중동고보시절 같은 하숙방에서 공부한 절친 이병철(삼성창시자)이 일본유학을 마치고 부산에서 사업을 하고 있을 때라, 아버지도 자녀들의 공부와 자신의 꿈을 위해 대도시로 가서 사업을 해야겠다는 계획을 세워, 학교와 그 주변 밤나무산을 그 지역 교육청에 기증을 하고 남은 재산을 정리하여 부산으로 갔기 때문이다. 부산에서 아버지는 몇가지 사업을 벌렸으나 순진한 교육자로 사업성이 없었는지 하는 것마다 안되었다. 필자가 국민학교 고학년 무렵 아버지는 사업을 접으셨는데 재산이 많이 탕진되었다.

필자와 셋째오빠, 셋째언니, 이복동생 사남매는 공부에 어려움이 많았다. 6.25를 거친데다 세상은 어수선하고 큰오빠, 둘째오빠가 결혼을 하여 각자 살림을 꾸리며 약간의 도움은 있었다. 셋째오빠는 그 당시 부산중고 수재로 서울공대 화공과에 아르바이트하면서 다녔는데, 자기가 돕겠다고 필자에게도 대학진학을 권했지만 필자는 가정경제를 다소나마 돕기 위해 어릴 때 꿈인 법대를 접고 사범학교를 택했다. 사범학교를 나와 교사발령을 받고 얼마 안 있어 고시준비생 남편을 만나 안동권씨집안 종가집 종부로(외며느리) 시조모님과 시부모님을 모시고 사대봉제사와 남편 뒷바라지에 그리고 년년생 사남매의 엄마로, 교사 박봉에 앞가림조차 어려워 친정의 모든 행사를 외면하고 담을 쌓고 살아야만 했다.

그러다 큰동생이 결혼하여 부모님을 잘 모셔 올케가 효부상을 받았으니 안심하고 필자생활에 전념했다. 훗날 생활이 안정되면 할머니, 아버지, 새어머니를 자주 찾아 뵈어야지 했는데, 또 남편따라 서울 원거리로 이사를 와서 살게 되어 더욱 찾아뵙기가 어려웠다. 어쩌다 시간을 내어 할머니 뵈러 가면 할머니는 사랑하는 손녀가 시집가서 힘들게 산다는 소식을 접하고 많이 마음 아파했으며 그래도 힘내어 잘 살아라고 꼭 안아주시며 위로해주시던 할머니의 그 포근한 사랑, 어찌 꿈엔들 잊으리오!

여자의 일생 끝없는 삶의 변주곡, 부모의 큰사랑 알 때쯤 부모님은 세상에 안 계시니!

지금은 동생들과 돈독한 관계로 잘 지내고 있다. 아버지는 인생절정기에 꿈을 잃고 마음 아파했지만 자식들의 효도 속에, 노년엔 지역노인회 회장으로 오랫동안 활동하시다 74세에 한많은 세상을 마감하셨다. 아버지의 절친인 친구는 대한민국 제일갑부인데 사람의 운명은 타고나겠지만, 만사가 뜻대로 안되는 게 인생이란 걸, 아버지를 생각할 때마다 떠올라 지금도 마음이 무거워지고 아버지가 그리워진다.

할머니는 셋째삼촌 숙모의 극진한 대우로 노후를 편하게 보내셨지만, 맏아들의 어려움을 지켜보시며 항상 마음이 편치 않았으리라. 할머니는 아흔네 해 동안 한쪽 눈이 불편하신 것 외엔 참으로 건강하게 사시다 가셨다. 지금도 새록새록 할머니 옛생각이 떠오르면 필자도 모르게 눈시울이 뜨거워진다.

할머니!
이젠 밤하늘의 별이 되어 올망졸망 손주, 증손주들의 재롱을 내려다 보시며 기뻐하소서!

어머님 날 낳으시고
할머님 날 기르시니
두 분 곧 아니시면
이 몸이 자랐을까
천지간에 이보다 더 큰 은혜

어디에 있으리!

엄마같은 나의 할머니!
사랑합니다!
감사합니다!

　　　신축년(2021) 어버이날에 팔순 손녀가 할머니를 그리며

2021. 한국문인 계간지에 등재

국전작품

목련과 대나무
2017
70×200cm

⟨성가정 이루소서⟩

시어머니   고 세실리아

남편   고 베다

큰아들 가족   베드로 카타리나
              미카엘 다니엘

큰딸   로밀라

작은 딸 그라시아

작은 아들 가족   라파엘 라파밀라
                 가브리엘 안젤라

사남매 가족이
사랑과 감사로
• 믿어주고 • 알아주고
• 보듬어주고 • 배려해 주고
• 다독그릴 때

침박진 웃음 속에
세상 지라는
정다운 가족

이웃과 사회와 나라에
참된 봉사자로
평화로운 화목한 가정 이루어
영원한 성가정 이루게
하소서.

2024. 5. 8
막모란 글라라

백련이 되는 아침

인쇄일 2024년 11월 11일
발행일 2024년 11월 11일

지은이 박묘란
발행인 김화인
펴낸곳 도서출판 조은
편집인 김진순
    주소 서울시 중구 을지로20길 12 대성빌딩 405호(인현동)
    전화 (02)2273-2408
    팩스 (02)2272-1391
출판등록 1995년 7월 5일 신고번호 제1995-000098호
    ISBN 979-11-91735-99-4
    정가 30,000원

♠ 잘못된 책은 바꾸어 드리겠습니다.
♠ 이 책의 내용은 신저작권법에 의하여 국제적으로 보호받고 있습니다.
♠ 전재 및 복제를 할 수 없습니다.